# 순수법학
## REINE RECHTSLEHRE

순수법학(제1판) — 법학의 문제점에 대한 서론

2018년 9월 1일 초판 발행
2021년 6월 15일 초판 2쇄 발행

지은이 한스 켈젠 | 옮긴이 윤재왕 | 펴낸이 안종만 | 펴낸곳 ㈜박영사
등록 1959.3.11. 제300-1959-1호(倫)
주소 서울특별시 금천구 가산디지털2로 53, 210호(가산동, 한라시그마밸리)
전화 (02) 733-6771 | 팩스 (02) 736-4818
홈페이지 www.pybook.co.kr | 이메일 pys@pybook.co.kr

편집 이승현
기획/마케팅 조성호
표지디자인 조아라
제작 우인도·고철민

ISBN 979-11-303-3243-7 (93360)

이 도서의 국립중앙도서관 출판예정도서목록(CIP)은 서지정보유통지원시스템 홈페이지(http://
seoji.nl.go.kr)와 국가자료공동목록시스템(http://www.nl.go.kr/kolisnet)에서 이용하실 수 있
습니다.
(CIP제어번호 : CIP2018027036)

파본은 구입하신 곳에서 교환해 드립니다. 본서의 무단복제행위를 금합니다.

정 가 19,000원

# 순수법학

### 법학의 문제점에 대한 서론

Hans Kelsen 저
윤재왕 역

박영사

# 차례

서언 ································································································ 7

## I. 법과 자연

1. '순수성' ······················································································ 17
2. 자연적 사실(행위)과 의미 ····························································· 18
3. 사회적 소재의 자기해석(주관적 의미와 객관적 의미) ··············· 19
4. 해석도식으로서의 규범 ······························································· 20
5. 행위로서의 규범과 의미내용으로서의 규범 ································· 22
6. 규범의 효력과 효력범위 ······························································ 23
7. 법규범의 인식과 법사회학 ·························································· 25

## II. 법과 도덕

8. 법과 정의 ···················································································· 29
9. 순수법학의 반이데올로기적 경향 ··············································· 34

## III. 법의 개념과 법명제 이론

10. 자연법론과 법실증주의 ······························································ 39

11. 법의 개념범주로서의 '당위' ·················· 41
    a) 초월적 이념으로서의 당위 ··············· 41
    b) 선험적 개념범주로서의 당위 ············· 42
    c) 자연법과 형이상학으로의 회귀 ·········· 45
12. 강제규범으로서의 법 ························· 45
13. 불법의 개념 ······························ 46
14. 사회적 기술로서의 법 ····················· 49
    a) 법질서의 실효성 ··················· 49
    b) 이차적 규범 ······················ 50
    c) 법복종의 동기 ···················· 51
15. 당위의 부정 ···························· 53
16. 법의 규범적 의미 ························· 55
17. 법의 존재와 법의 당위 ···················· 57

## IV. 법이론의 이원주의와 이원주의의 극복

18. 객관적 법과 주관적 법의 이원주의의 자연법적 기원 ·············· 61
19. 주관적 법(권리)의 개념 ···················· 62
20. 권리주체 또는 인격이라는 개념 ·············· 63
21. '주관적 법' 개념과 '권리주체' 개념이 갖는 이데올로기적 의미 ······· 64
22. 법적 관계의 개념 ························ 66
23. 법의무의 개념 ························· 68
24. 모든 주관적 법(권리)은 객관적 법에 기초한다. ················ 68
    a) 법의무로서의 법규범 ················· 68
    b) 권한으로서의 법규범 ················· 69
    c) 법생성에 대한 참여로서의 권한 ·········· 71
25. 인격 개념의 해체 ······················ 73
    a) '물리적' 인격 ····················· 73

b) '법적' 인격 ······················································· 75

c) 개인의 직접적 또는 간접적 의무와 권한 ············· 76

d) 중심적 귀속 ····················································· 77

e) 책임의 제한 ····················································· 78

f) 개인과 공동체의 대립이 갖는 이데올로기적 의미 ·········· 79

26. 순수법학의 보편주의적 성격 ····························· 80

# V. 법질서와 법질서의 단계구조

27. 규범들의 체계로서의 질서 ······························· 85

28. 생성의 연관관계로서의 법질서 ·························· 86

29. 근본규범의 의미 ·············································· 89

30. 개별 국가 법질서의 근본규범 ··························· 90

a) 근본규범의 내용 ·············································· 90

b) 법질서의 효력과 실효성(법과 권력) ················· 92

c) 국제법과 개별 국가 법질서의 근본규범 ············· 93

d) 개별 법규범의 효력과 실효성 ·························· 94

31. 법질서의 단계구조 ··········································· 96

a) 헌법 ······························································· 96

b) 입법; 법원(法源)의 개념 ·································· 98

c) 판결 ······························································· 100

d) 사법과 행정 ···················································· 101

e) 법률행위와 집행행위 ········································ 103

f) 법생성과 법적용 사이의 대립의 상대성 ············· 104

g) 단계구조에서 국제법의 지위 ···························· 104

h) 서로 다른 단계에 속하는 규범들 사이의 갈등 ········· 105

# VI. 해석

32. 해석의 계기와 대상 ································································· 113
33. 상위의 법단계와의 관계에서
    하위의 법단계가 갖는 상대적 불확정성 ····························· 114
34. 하위단계의 의도적 불확정성 ············································· 114
35. 하위단계의 의도하지 않은 불확정성 ································· 115
36. 규범은 하나의 범위로서,
    이 범위 내에서 다수의 이행 가능성이 존재한다. ············· 117
37. 이른바 해석방법 ······························································· 118
38. 인식행위 또는 의지행위로서의 해석 ································· 120
39. 법적 안정성이라는 환상 ··················································· 121
40. 흠결의 문제 ····································································· 122
41. 이른바 기술적 흠결 ························································· 124
42. 입법자의 흠결이론 ··························································· 126

# VII. 법생성 방법

43. 법형식과 국가형식 ··························································· 131
44. 공법과 사법 ····································································· 132
45. 공법/사법 이원주의가 갖는 이데올로기적 의미 ··············· 134

# VIII. 법과 국가

46. 법과 국가에 관한 전통적 이원주의 ··································· 141
47. 법과 국가 이원주의의 이데올로기적 기능 ························ 142
48. 법과 국가의 동일성 ························································· 143
    a) 법질서로서의 국가 ····················································· 143

b) 법적 귀속의 문제로서의 국가 ·················· 146

c) 공무담당 기관들의 기구로서의 국가 ·················· 147

d) 법이론으로서의 국가이론 ·················· 150

e) 법질서의 실효성으로서의 국가의 권력 ·················· 151

f) 정당성 이데올로기의 해체 ·················· 153

## IX. 국가와 국제법

49. 국제법의 본질 ·················· 157

a) 국제법의 단계들: 국제법의 근본규범 ·················· 157

b) 원시적 법질서로서의 국제법 ·················· 159

c) 국제법을 통한 간접적 의무부과와 간접적 권한부여 ·················· 160

50. 국제법과 개별 국가법의 통일성 ·················· 162

a) 인식론적 요청으로서의 대상의 통일성 ·················· 162

b) 두 가지 규범체계의 상호관계 ·················· 164

c) 일원주의적 구성 또는 이원주의적 구성 ·················· 166

d) 국가 법질서의 우위 ·················· 167

e) 국제법 부정 ·················· 169

f) 국제법과 개별 국가법 사이의 '모순'의 해소 ·················· 171

g) 국제법질서의 우위 ·················· 174

h) 국제법공동체의 기관으로서의 국가 ·················· 176

i) 순수법학과 세계법의 발전 ·················· 179

옮긴이 후기 ·················· 181

# 서언

내가 순수한 법이론, 즉 모든 정치적 이데올로기와 모든 자연과학적 요소로부터 벗어나 법이라는 대상의 고유한 성격과 고유한 법칙성을 뚜렷이 의식하는 법이론을 전개하려고 노력한 지도 어언 20년이 넘었다. 나의 목표는 처음부터 분명했다. 즉 법학을 — 노골적으로 또는 은연중에 — 법정책적 고려를 통해 거의 완전히 대체하려는 시도에 대항해서 법학을 진정한 학문, 즉 정신과학의 경지로 끌어올리는 것이 나의 목표였다. 그 때문에 법의 형성이 아니라, 오로지 법에 대한 인식에 지향된 방향으로 이론을 전개하고자 했으며, 이러한 학문적 방향에 따른 결과가 모든 학문의 이상인 객관성과 엄밀성에 최대한 근접하도록 만들고자 했다.

지금 나는 이 학문적 길 위에 나 혼자 서 있는 것은 아니라는 사실을 확인할 수 있다는 것에 만족감을 느낀다. 즉 모든 문화국가에서 그리고 법을 직업적으로 다루는 매우 다양한 영역에서 이론가와 실무가 또는 인접 학문의 대표자들로부터 나의 이론적 노력에 동의하는 수많은 격려와 자극을 받고 있다. 나와 동일한 노력을 경주하는 일군의 학자들이 밀접한 유대관계를 형성하게 되었고, 이들을 나의 '학파'라고 부르기도 하지만, 이 학파에 속하는 학자들은 단지 다른 동료 학자로부터 배움을 얻고자 노력하면서 각자의 길을 걷는 것도 포기하지 않는다는 의미에서만 '학파'라고 부를 수 있을 뿐이다. 또한 순수법학의 기치를 내걸지 않고, 때로는 순수법학을 전혀 언급하지 않으면서, 심지어 순수법학을 노골적으로 거부하거나 순수법학에 대해 썩 호의적이지 않는 태도를 보이면서도 순수법학의 본질적인 결론을 수용하는 학자들의 숫자도 적지 않다. 나는 특히 그런 학자들에 대해 감사하게 생각한다. 왜냐하면 그런 학자들이야말로 그들의 의지와는 관계없이 나의 이론을 지지하는 학자들보다 훨씬 더 강하게 나의 이론의 유용성을 증명해주기 때문이다.

나의 이론은 승인과 모방뿐만 아니라, 저항을 불러일으키기도 했다. 저항은 법학의 역사에서 거의 유례를 찾아보기 어려울 정도로 격렬하다. 하지만 이 격렬한 저항에서 등장하는 반론들이 어떤 내용상의 대립에 근거한다고 설명하는 것은 결코 가능하지 않다. 왜냐하면 반론의 상당부분은 오해에 기인하고, 더욱이 그러한 오해가 의도적인 경우도 자주 있기 때문이다. 설령 오해에 기인하지 않은 실질적인 반론이 제기된 경우라 할지라도 나의 적대자들이 드러내는 극도의 반감과 분노를 정당화할 수는 없다. 왜냐하면 적대자들이 투쟁 대상으로 삼고 있는 이론(순수법학)은 결코 전대미문의 새로운 이론이 아닐뿐더러 지금까지 있어 왔던 모든 이론과 완전히 모순되는 것도 아니기 때문이다. 나의 이론은 이미 19세기의 실증주의 법학이 선언했던 이론적 접근방법을 계승, 발전시킨 것으로 볼 수 있다. 나의 적대자들 역시 바로 이 실증주의 법학의 연장선상에 서있다. 따라서 내가 오늘날의 법학에 대해 완전한 방향 전환을 요구한 것이 아니라, 나의 적대자들이 불안정하게 오락가락하는 방향들 가운데 어느 한 방향을 고정해야 한다고 요구한 것일 뿐이다. 이 점에서 나의 이론에 대해 반기를 들게 만든 원인은 나의 이론의 새로움 때문이 아니라, 단지 나의 이론이 보여준 일관성 때문이다. 바로 이 점만 보더라도 순수법학에 대항하는 투쟁에서는 학문적 동기뿐만 아니라, 무엇보다 정치적인 동기, 다시 말해 극도로 격정에 사로잡힌 동기가 작용하고 있다고 추측할 수 있다. (법학이) 자연과학이냐 아니면 정신과학이냐의 물음은 결코 감정을 그토록 뜨겁게 달아오르게 할 수 없다. 왜냐하면 자연과학과 정신과학의 분리는 거의 아무런 저항이 없이 이루어졌기 때문이다. 이와 관련해서 중요한 것은 정신과학의 중심에서 사뭇 멀리 떨어져 있어서 정신과학에서 이룩한 진보를 그저 느리고 힘겹게 뒤따라갈 뿐인 법학을 일반적인 학문이론과의 직접적인 접촉을 통해 더욱 신속하게 중심으로 움직이도록 만드는 일이다. 따라서 논쟁은 ― 겉으로는 그렇게 보일지 모르지만 ― 사실상 전체 학문에서 법학이 차지하고 있는 위상이나 그에 따른 결과를 둘러싸고 벌어지고 있는 것이 아니라, 법학과 정치의 관계, 법학과 정치의 말끔한 분리 그리고 법에 관한 학문이라는 이름으로 겉으로는 학문이라는 객관적인 제도를 부르짖지만 실제로는 정치적 요구를 주장하곤 하는 뿌리 깊은 관습의 포기를 둘러싸고 벌어지고 있다. 그와 같은 정치적 주장은 극도로 주관적 성격만을 갖고 있을 뿐이며, 아무리 선의로 해석할지라도 종교의 이상, 민족의 이상 또는 계급의 이상으로 등장할 수 있을지 몰라도, 학문의 이상이 될 수는 없다.

　이것이 바로 순수법학에 대해 거의 증오에 가까운 저항을 일삼는 이유이며, 모든 수단을 동원해서 순수법학에 대해 투쟁하는 배경이다. 왜냐하면 순수법학에 대항하는 투쟁은 사회의 절실한 이해관계에 직결되고, 그 때문에 법률가들의 직업적 이해관계에도 직결되기 때문이다. 얼마든지 납득할 수 있는 일이긴 하지만, 법률가들은 자신들이 법학을 통해 사회 내의 이익갈등을 어떻게 '올바르게' 해결할 수 있는가라는 물음에 대한 답을 손에 쥐고 있고, 자신들이 법을 인식하기 때문에 법을 내용적으로 형성할 과제를 담당하며, 따라서 법의 생성에 영향을 미치고자 노력하는 자신들은 사회의 순수한 기술자로서 다른 정치가들보다 더 우월하다고 믿거나 또는 다른 사람들을 그렇게 믿도록 만드는 일을 포기하지 않는다.

　　이처럼 정치로부터 분리되어야 한다는 요구가 의미하는ㅡ비록 단지 소극적일 뿐이긴 하지만ㅡ정치적 영향, 다시 말해ㅡ상당수 사람들은 지위의 포기라고 여기는ㅡ법학의 자기제한에 대한 요구에 비추어 볼 때, 순수법학의 적대자들이 그러한 요구를 제기하는 이론에 순응하지 않으려는 경향을 보이는 것은 어쩌면 당연한 일이다. 그러한 이론과 투쟁하기 위해서는 이론의 진정한 본질을 인정하지 않아야 한다. 바로 그 때문에ㅡ기본적으로 순수법학에 대항하기 위해 제기되는 것이 아니라, 그저ㅡ각각의 적대자들의 희망에 따라 조작된 허상에 대항하기 위해 제기되는 논거들이 서로서로 모순에 빠지고 서로를 부정하는 탓에 논거들을 따로 반박할 필요가 없는 상황이 전개되고 있다. 즉 어떤 적대자들은 순수법학이 전혀 내용이 없고, 공허한 개념들을 가지고 헛된 장난을 하는 것일 뿐이라고 경멸적으로 말하는 반면, 또 어떤 적대자들은 순수법학의 내용은 그 안에 깃들어 있는 혁명적 경향 때문에 기존의 국가와 법에 심각한 위험을 뜻한다고 경고한다. 다시 말해 순수법학은 모든 정치로부터 철저히 거리를 유지하기 때문에 생생한 삶으로부터 멀어지고, 그로 인해 학문적으로 무가치하다는 것이다. 이러한 반론은 순수법학에 대해 가장 빈번하게 제기되는 반론들 가운데 하나이다. 하지만 다음과 같은 반론도 그에 못지않게 자주 들을 수 있다. 즉 순수법학은 순수법학이 토대로 삼고 있는 방법적 요구를 충족시킬 수 없으며, 그 자체 이미 특정한 정치적 가치관의 표현일 따름이라고 한다. 하지만 도대체 어떠한 정치적 가치관의 표현이란 말인가? 파시스트들은 순수법학을 민주주의적 자유주의라고 설명하고, 자유주의적 또는 사회주의적 민주주의자들은 순수법학을 파시즘의 선봉장으로 여긴다. 공산주의 측에서는 순수법학이 자본주의적 국가주의 이데올로기로 격하되며, 민족주의적-자본주의의 측에서는 때로는 극단적인 볼셰비즘, 때로는 은폐된 아나키즘으로 격하된다. 상당수 사람들은 순수법학의 정신이 가톨릭 스콜라주의에 친화적이라고 장담하는가 하면, 또 어떤 이들은 순수법학에서 프로테스탄트 국가이론과 법이론의 특성을 인식할 수 있다고 한다. 물론 순수법학을 무신론적이라고 낙인찍는 사람들도 있다. 간단히 말하면, 그 어떤 정치적 경향도 순수법학에 내재해 있다는 의심의 대상이 되지 않은 경우가 없다. 하지만 바로 이 점이야말로 순수법학 스스로 입증할 수 있는 것보다 훨씬 더 강력하게 순수법학의 순수성을 입증해 준다.

적어도 법에 관한 학문Rechts-Wissenschaft이 존재하기 위해서는 순수성을 목표로 삼는 방법적 요청에 대해 진지하게 의문을 제기할 수 없다. 단지 그러한 방법적 요청이 어느 정도까지 충족될 수 있는지에 대해서만 의문을 품을 수 있을 뿐이다. 물론 방법적 요청과 관련해서 자연과학과 사회과학 사이에 존재하는 현저한 차이를 결코 간과해서는 안 된다. 정치적 이해관계가 자연과학에 영향을 미치려고 시도할 위험이 전혀 없다고 할 수는 없다. 역사는 오히려 그 반대임을 입증하고 있고, 행성의 운행에 대한 진리를 통해 세속의 권력이 위협감을 느낀 적이 있다는 사실을 너무나도 분명하게 보여주고 있다. 자연과학이 정치로부터의 독립성을 관철할 수 있었던 이유는 자연과학의 독립이라는 승리에 대해 강력한 사회적 이해관계가 성립하고 있었기 때문이다. 즉 오직 자유로운 연구만이 보장해낼 수 있는 기술의 진보에 대한 이해관계가 존재했기 때문이다. 그러나 물리학과 화학으로부터 기계공학과 치료의학의 성과에 도달했던 것과는 달리 어떤 사회이론으로부터 의문의 여지없는 장점을 보장하는, 사회적 기술의 진보에 도달하기 위한 직접적이고 명확한 길을 확보할 수는 없다. 더욱이 사회과학은—사회과학의 낮은 발전 상태에 비추어 보더라도—이미 지배권을 장악하고 있는 자들뿐만 아니라, 지배권을 장악하려고 하는 자들까지도 그들의 욕구와 희망에 부합하는 이론, 즉 사회적 이데올로기에 대해 갖고 있는 강력한 관심에 저항할 수 있는 사회적 힘이 없다. 특히 세계대전과 그에 따른 결과로 인해 사회생활의 토대에 극심한 동요가 발생하고, 그 때문에 국가 상호간의 대립과 국가 내의 대립이 극한으로 치닫게 된 지금과 같은 격동의 시대에 이데올로기에 대한 관심에 저항할 수 있는 사회적 힘을 확보하는 것은 더욱더 어려운 일이다. 법과 국가에 관한 객관적 학문이라는 이상은 사회적 평형이 유지되는 시기에만 일반적 승인을 얻을 수 있다. 그렇기 때문에 다른 이들은 어떤 권력에게든 자신들을 기꺼이 바치려고 하며, 정치적 법학을 부르짖는 목소리를 공공연히 목청껏 외치면서 정치적 법학이야말로 '순수한' 법학이라고 거리낌 없이 주장하고 마치 그렇게 하는 것이 미덕인 것처럼 칭송하는—이는 고작해야 개인이 처해 있는 극단적 곤궁의 탓이라고 용서해줄 수 있을 뿐이다 ― 오늘날의 상황에서 순수성을 견지하고자 하는 법이론만큼 시대착오적인 것은 없는 것 같다.

그럼에도 내가 이와 같은 시대상황 속에서 법이라는 문제에 대한 나의 지금까지의 연구를 요약하고자 시도하는 것은 권력보다 정신을 더 높이 평가하는 사람들의 숫자가 오늘날 겉으로 보이는 것보다 훨씬 더 많으리라는 희망 때문이다. 무엇보다 젊은 세대들이 우리 시대의 엄청난 혼란 속에서도 자유로운 법학에 대한 믿음을 완전히 상실하지 않았다는 소망과 자유로운 법학이 언젠가는 결실을 맺게 되리라는 확신을 갖고 이 작업이 이루어졌다.

1934년 5월 제네바에서

한스 켈젠

# I
## 법과 자연

Recht und Natur

# I

# 법과 자연

## 1. '순수성'

순수법학은 실정법에 관한 이론이다. 더욱이 어떤 특수한 법질서가 아니라, 실정법 자체에 관한 이론이다. 순수법학은 일반적 법학이지, 특수한 국가법규범 또는 국제법규범에 대한 해석이 아니다.

순수법학은 하나의 이론으로서 오로지 대상을 인식하고자 할 뿐이다. 순수법학은 법이란 무엇이고 법이란 어떠한 것인가라는 물음에 대답하고자 시도할 뿐, 법이 어떠해야 하고 어떻게 만들어져야 하는가라는 물음에 대답하려고 하지 않는다. 순수법학은 법학이지, 법정책이 아니다.

순수법학이 자신을 법에 관한 '순수한' 학문이라고 지칭하는 이유는 순수법학이 오로지 법에만 지향된 인식을 보장하고자 할 뿐이고, 엄밀하게 법으로 규정되는 대상에 속하지 않는 다른 모든 것들은 법에 대한 인식에서 배제하고자 하기 때문이다. 다시 말해 순수법학은 법학을 법학과는 무관한 요소들로부터 해방시키고자 한다. 이것이 바로 순수법학의 방법적 기본원칙이다. 이는 당연한 것처럼 보일 수도 있다. 하지만 19세기와 20세기에 전개된 전통적인 법학을 살펴보면 전통적인 법학이 이러한 순수성 요청에 부응하는 것과는 얼마나 동떨어진 모습을 보였는지가 뚜렷하게 드러난다. 즉 기존의 법학은 너무나도 무비판적인 방식으로 심리학과 생물학, 윤리학과 신학과 뒤섞여 있었다. 오늘날 법학자들이 발을 들여놓아서는 안 된다고 여기는 특수한 학문분과는 거의 없는 실정이다. 법학자들은 심지어 다른 학문분과의 이론을 차용하면 자신들의 명성이 더 높아질 것이라고 생각할 정도이다. 이렇게 되면 당연히 법학의 본류는 상실되고 만다.

## 2. 자연적 사실(행위)과 의미

순수법학은 두 가지 방향으로부터 자신의 인식 대상을 명확히 한정하고자 한다. 오늘날의 법학을 지배하고 있는 방법 절충주의는 이 두 가지 방향에서 법이라는 인식 대상의 독립성을 위협하고 있다. 법은 사회적 현상이다. 사회는 자연과는 완전히 다른 대상이다. 왜냐하면 자연과 사회는 각각을 구성하는 요소들의 연관성의 측면에서 완전히 다르기 때문이다. 따라서 법학이 자연과학으로 해소되지 않으려면 법은 자연과는 뚜렷이 구별되어야 한다. 이는 다음과 같은 이유 때문에 상당히 어려운 일이다. 즉 법 ─ 또는 흔히 법이라고 부르는 것 ─ 의 본질의 일정부분은 자연의 영역에 속하고, 자연적 존재를 갖고 있다고 보이기 때문이다. 예컨대 의회의 의결, 행정행위, 법관의 판결, 법률행위, 범죄 등과 같이 통상 법이라고 불리는 사안을 분석해보면 두 가지 요소를 구별할 수 있다. 하나는 시간과 공간 속에서 발생하고, 감각을 통해 지각할 수 있는 행위Akt, 즉 대개는 인간의 행동에 해당하는 어떤 외적 현상이다. 다른 하나는 이러한 사실에 내재하고 있다고 여겨지거나 거기에 붙어 있는 의미, 즉 특수한 의미이다. 한 회의장에 여러 사람들이 모여 연설을 하고, 어떤 이들은 자리에서 일어나고 어떤 이들은 자리에 앉아 있다. 이는 외적 현상이다. 이 현상의 의미는 어떤 법률에 대한 의결이다. 법복을 입은 한 남자가 단상 위에서 자기 앞에 서 있는 사람에게 특정한 단어들을 내뱉는다. 이 외적 현상은 법관의 판결을 의미한다. 어떤 상인이 다른 상인에게 특정한 내용의 편지를 쓰고, 편지를 받은 상인이 답신을 보내면, 이는 두 상인이 계약을 체결했다는 의미이다. 누군가가 어떤 행위를 통해 다른 사람의 사망을 야기했다면, 이는 법적으로 살인을 의미한다.

## 3. 사회적 소재의 자기해석(주관적 의미와 객관적 의미)

하나의 외적 사실로서의 행위로부터 이러한 '의미'를 보거나 들을 수는 없다. 즉 마치 하나의 대상에서 색깔, 단단함, 무게 등과 같은 대상의 자연적 속성과 기능을 지각하는 것처럼 의미를 지각할 수는 없다. 물론 행위 스스로 — 그것이 말 또는 글로 표현되는 한 — 행위의 의미에 대해 무언가를 말해줄 수도 있고, 행위 자신의 의미를 제시할 수도 있다. 심지어 바로 이 점이 특히 법적 인식과 같은 사회적 인식의 대상이 되는 소재Material가 갖고 있는 고유한 특성이기도 하다. 식물은 이를 과학적으로 규정하려는 연구자에게 식물 자신에 대해 아무것도 말해주지 않는다. 즉 식물은 자기 자신을 자연과학적으로 설명하려는 어떠한 시도도 하지 않는다. 하지만 사회적 행위는 자기해석Selbstdeutung, 즉 이 사회적 행위가 무엇을 의미하는지에 대한 설명을 수반한다. 왜냐하면 행위를 정립하는 인간 스스로 자신의 행위를 특정한 의미와 결합시키고, 이 의미는 어떤 식으로든 표현되고 또한 행위가 지향하는 다른 인간에 의해 어떤 식으로든 이해되기 때문이다. 의회에 모인 사람들은 하나의 법률을 의결했음을 명시적으로 표현할 수 있고, 두 명의 당사자는 자신들이 하나의 법률행위에 연결되고자 하는 의도를 명시적으로 말할 수 있다. 그렇기 때문에 법을 파악하는 인식은 대개 법학에 의해 수행되는 해석에 앞서 이미 소재의 자기해석이 이루어져 있음을 알게 된다.

그렇기 때문에 하나의 행위가 갖는 주관적 의미와 객관적 의미를 구별할 필요가 있다. 주관적 의미가 모든 법적 행위의 체계, 즉 법체계에서 이 행위에 대해 부여하는 객관적 의미와 일치할 수도 있지만, 반드시 일치해야 하는 것은 아니다. 유명한 쾨페닉의 대위Hauptmann von Köpenick가 실제로 행한 것은 주관적 의미에 비추어 볼 때는 하나의 행정명령을 의도한 것이었지만, 객관적으로는 행정명령이 아니라, 범죄였다. 어떤 비밀조직이 조국을 악의 무리로부터 해방시키려는 의도에서 이 조직이 반역자로 여기는 인간을 처형하겠다고 선언하고, 이 조직 스스로는 주관적으로 이를 사형선고로 여기고 또한 사형선고라고 명시적으로 말하면서 조직원에게 이를 집행하도록 했을지라도 객관적으로는, 다시 말해 객관적 법의 체계에서는 사형판결의 집행이 아니라, 암살이다. 암살이 행해지는 외적 사실의 측면에서는 사형판결의 집행과 전혀 차이가 없을지라도 그렇다.

## 4. 해석도식으로서의 규범

이러한 외적 사실은 모든 사례에서 자연의 일부이며 그 자체 인과적으로 규정된다. 왜냐하면 외적 사실은 시공간 속에서 이루어지고 감각을 통해 지각할 수 있기 때문이다. 그러나 이러한 사건 자체, 즉 자연이라는 체계의 요소로서의 사건은 특수한 법적 인식의 대상이 아니며, 따라서 결코 법적인 것das Rechtliche이 아니다. 이러한 현상을 하나의 법적 행위 또는 불법적 행위로 만드는 것은 현상의 사실적 측면, 다시 말해 현상의 자연적 존재, 즉 인과법칙적으로 규정되고 자연의 체계 속에 포함되는 존재가 아니라, 이 행위와 결부되는 객관적 의미, 즉 이 행위가 갖는 의미이다. 문제가 되는 사안이 특수한 법적 의미, 즉 독특한 법적 의미를 얻게 되는 것은 규범을 통해 가능하게 된다. 규범은 그 내용이 문제의 사안과 관련을 맺고, 사안에 법적 의미를 부여하며, 이로써 행위가 규범에 따라 해석될 수 있게 된다. 이 점에서 규범은 해석도식Deutungsschema으로 기능한다. 규범 자체는 법적 행위를 통해 생성되고, 이 법적 행위는 다시 다른 규범으로부터 의미를 획득한다. 하나의 사실이 살인이 아니라, 사형판결의 집행이라는 결론, 즉 하나의 사실이 갖는 — 감각을 통해 지각할 수 없는 — 특정한 성질은 형법과 형사소송법을 둘러싼 일정한 사유 과정으로부터 도출된다. 앞에서 언급한 서신교환이 계약체결을 의미한다는 점은 오로지 이 사실이 민법의 특정 규정에 속한다는 사정으로부터만 도출될 수 있다. 다수의 인간들의 모임이 의회이고 이들이 행하는 활동의 결과가 법률이라는 것, 다시 말해 이 현상들이 바로 그러한 '의미'를 갖는다는 것은 이 모든 사실들이 헌법의 특정 규정에 부합한다는 점을 말할 뿐이다. 그러니까 실제로 발생한 사건의 내용이 — 어떤 식으로든 전제되어 있는 — 규범의 내용과 일치한다는 점을 말할 뿐이다.

## 5. 행위로서의 규범과 의미내용으로서의 규범

법인식은 특정한 사안에 대해 법적(또는 불법적) 행위라는 성격을 부여하고, 또한 그 자신 역시 그와 같은 법적 행위를 통해 생성되는 규범들을 대상으로 삼는다. 이때 다음과 같은 점에 주의해야 한다. 즉 특수한 의미내용으로서의 규범은 이 규범을 의욕하거나 또는 사고하는 심리적 행위와는 다른 것이라는 점이다. 다시 말해 규범을 의욕하거나 규범을 사고하는 것과 어떤 식으로든 의욕되거나 사고된 규범 자체는 엄격히 분리되어야 한다. 따라서 규범의 '생성Erzeugung'이라고 말할 때는 언제나 의미내용으로서의 규범을 지탱하고 있는 존재현상을 뜻한다. 이 점에서 규범을 인식하고자 하고 무언가를 법적으로 파악하고자 하는 순수법학은 어떤 정신적 과정이나 물리적 현상을 지향하는 것이 아니다. 무언가를 법적으로 파악한다는 것은 무언가를 법으로 파악한다는 뜻이다. 그러므로 법규범만이 법인식의 대상을 형성할 수 있다는 테제는 단지 동어반복인 주장일 따름이다. 왜냐하면 법인식의 유일한 대상인 법은 곧 규범이기 때문이다. 하지만 규범은 자연의 영역에서는 적용되지 않는 개념범주이다. 어떤 자연적 행위가 법적 현상으로 규정된다는 것은 규범의 효력이 주장된다는 뜻이고, 이 규범의 내용이 사실상의 사건의 내용과 특정한 상응관계에 있다는 뜻이다. 법관이 하나의 구체적 사실 ― 예컨대 범죄 ― 이 존재한다고 확인하는 경우 법관의 인식은 일단 자연적 존재에만 지향된다. 하지만 법관이 그가 확인한 사실을 그가 적용해야 할 법률과 관련을 시키는 즉시 ― 예컨대 확인된 사실을 '절도' 또는 '사기'로 해석하는 즉시 ― 법관의 인식은 법적 인식이 된다. 따라서 확인된 사실의 내용이 특수한 방식을 거쳐 어떤 규범의 내용으로 인식될 때만 법관은 사실을 해석할 수 있게 된다. (이때 다음과 같은 점에 주의해야 한다. 즉 법관의 활동은 결코 인식행위에서 끝나지 않는다는 점이다. 인식행위는 단지 의지행위의 준비일 따름이며, 의지행위를 통해 법관의 판결이라는 개별적 규범이 비로소 정립된다.)

## 6. 규범의 효력과 효력범위

앞에서 규범의 '효력Geltung'이라는 용어를 썼는데, 이는 일단 규범의 특수한 존재방식, 즉 시간과 공간 속에서 진행되는 자연적 현실의 존재와는 달리 규범이 존재하게 되는 특수한 방식을 표현한다. 규범 그 자체 — 이는 규범을 정립하는 행위와 혼동되어서는 안 된다 — 는 공간과 시간 속에 존재하지 않는다(규범은 결코 자연적 사실이 아니기 때문이다). 그러나 규범의 내용은 사실적인 사건의 내용과 같기 때문에, 다시 말해 규범은 규범의 내용을 통해 그러한 사실적 사건, 특히 인간의 행동과 관련을 맺기 때문에, 규범을 통해 규정되는 인간의 행동이 이루어지는 공간과 시간, 즉 규범이 의미하는 대로 인간의 행동이 이루어져야 할 공간과 시간은 규범의 내용에 함께 규정되어 있어야 한다. 인간의 행동을 규율하는 모든 규범의 효력, 특히 법규범의 효력 역시 공간적-시간적 효력이며, 이 점에서 규범은 공간적-시간적 현상을 대상으로 삼는다. 그러므로 규범이 효력을 갖는다는 것은 언제나 규범이 어떤 공간과 어떤 시간 속에서 효력을 갖는다는 것을 뜻한다. 다시 말해 규범은 오로지 어떤 장소와 어떤 시간 속에서 작용할 수 있는 현상과만 관련을 맺는다.

이와 같이 규범이 공간 및 시간과 맺는 관계가 규범의 공간적 및 시간적 효력범위이다. 이러한 효력범위는 제한적일 수도 있지만, 무제한적일 수도 있다. 한편으로는 규범이 이 규범 또는 다른 규범에 의해 규정되는 특정한 공간과 특정한 시간에 대해서만 효력을 갖고, 따라서 특정한 공간과 특정한 시간 속에서 이루어지는 현상들만을 규율할 수 있다. 다른 한편 규범은 — 그 의미에 비추어 볼 때 — 어느 장소 어느 시간 속에서든 효력을 가질 수도 있다. 다시 말해 장소와 시간에 관계없이 일어날 수 있는 모든 현상들과 관련을 맺을 수도 있다. 규범이 공간과 시간에 관해 특정한 규정을 포함하고 있지 않을 때는 규범의 의미는 공간과 시간에 관계없이 모든 현상에 적용된다. 물론 그렇다고 해서 이 규범이 초공간적이고 초시간적으로 효력을 갖는 것은 아니며, 단지 특정한 공간과 특정한 시간에 대해서만 효력을 갖는 것이 아니라는 점, 즉 규범의 공간적 및 시간적 효력범위가 무제한적이라는 점을 뜻한다.

규범의 공간적 및 시간적 효력범위 이외에도, 규범의 특수한 대상, 즉 규범을 통해 규율하게 되는 인간 행동의 다양한 방향들을 염두에 두게 되면, 규범의 내용적(또는 실질적) 효력범위를 별도로 구별할 수 있다. 예컨대 종교적 행동, 경제적 행동, 정치적 행동 등등으로 규범의 효력범위를 구별할 수 있다. 또한 규율 대상이 되는 행동을 하는 인간들에 초점을 맞추어 규범을 인적 효력범위에 따라 구별할 수도 있다. 내용적 효력범위 역시 제한적일 수도 있고, 무제한적일 수도 있다. 즉 특정한 방식으로 생성되어야 하고 특정한 질서에 속하는 특정한 규범의 내용이 모든 임의의 대상과 관련을 맺을 수도 있고, 오로지 특수한 대상들에만 관련을 맺을 수도 있다. 예컨대 어떤 연방국가의 헌법에 따라 내용적 효력범위가 연방국가 전체를 형성하는 질서의 규범

　　　　Ⅰ. 법과 자연

과 연방에 속하는 개별 국가를 형성하는 질서의 규범으로 분할되는 경우가 여기에 해당한다. 그리고 이 점은 인적 효력범위의 경우에도 마찬가지이다. 이렇게 볼 때 보편적 도덕규범은 모든 인간을 대상으로 하고, 따라서 원칙적으로 무제한의 인적 효력범위를 갖는다. 이에 반해 특정한 법규범은 오로지 특정한 범위의 인간들에게 의무를 부과하거나 권한을 부여한다. 즉 특정한 법규범은 제한적인 인적 효력범위를 갖는다.

## 7. 법규범의 인식과 법사회학

법을 규범으로 규정하고 (법을 제정하고 법을 적용하는 기관의 기능과는 다른 기능을 갖는) 법학을 규범의 인식에 국한시킴으로써 법을 자연으로부터 엄격히 구별하고 또한 규범과학으로서의 법학을 자연현상에 대한 인과법칙적 설명을 목표로 삼는 다른 모든 학문으로부터 엄격히 구별하게 된다. 특히 자연적 현상의 원인과 결과를 탐구하는 것을 과제로 삼는 학문은 법규범의 관점에서 해석할 때는 법적 행위로 서술되는 현상까지도 원인과 결과의 관점에서 연구한다. 이와 같은 연구를 사회학, 특히 법사회학이라 지칭하고자 한다면, 이러한 연구 자체에 대해 반론을 제기할 수는 없다. 즉 법사회학의 가능성이나 가치에 대해서는 여기서 더 이상 언급하지 않고자 한다. 다만 그와 같은 법사회학적 인식이 특수한 의미내용으로서의 법규범과는 전혀 관계가 없고, 따라서 효력을 갖는다고 인식되거나 전제된 어떤 규범과의 관계를 전혀 고려하지 않은 상태에서 일정한 현상과 관련을 맺을 뿐이라는 점만을 여기서 확인하고자 한다. 즉 법사회학은 법사회학이 포착해야 할 존재사실들을 효력을 갖는 규범과 관련시키는 것이 아니라, 원인과 결과로서의 다른 존재사실들과 관련시킨다. 법사회학은 예컨 대 어떠한 원인에 의해 입법자가 다른 어떤 규범이 아니라, 바로 이 규 범을 공포했으며, 입법자의 지시와 명령이 어떠한 결과를 낳았는지를 묻는다. 법사회학은 또한 경제적 사실이나 종교적 사고가 어떠한 방 식으로 법원의 활동에 실제로 영향을 미치고, 사람들이 어떠한 동기 에서 자신들의 행위를 법질서에 순응시키거나 순응시키지 않는지를 묻는다. 따라서 이러한 방식의 고찰에서 법은 단지 존재사실로서만, 즉 법규범을 제정하거나 이를 준수 또는 위반하는 인간의 의식 속에 있는 사실로서만 고려의 대상이 될 뿐이다. 그리하여 법사회학적 인 식의 대상을 형성하는 것은 결코 법 그 자체가 아니라, 단지 자연 속에 서 법과 병행해서 이루어지는 유사한 현상일 따름이다. 이는 마치 일 정한 감정이 발생하는 전제조건으로서의 화학적 과정이나 물리적 과 정 또는 감정의 발생에 수반되는 화학적 과정이나 물리적 과정을 연 구하는 생리학자가 심리학적 현상으로서 화학적 또는 생리학적으로 파악될 수 없는 감정 그 자체를 파악할 수 없는 것과 마찬가지이다. 특수한 법학으로서의 순수법학은 법규범에 주목한다. 그러나 의식 속의 사실로서의 법규범 또는 법규범에 대한 의지나 사고로서의 법 규범이 아니라, 오로지 ─의욕되거나 사고된─ 의미내용으로서의 법규범에만 주목한다. 그리고 순수법학은 법규범의 내용이 되는 사 실, 즉 법규범을 통해 규정되는 사실만을 포착할 뿐이다. 그렇기 때 문에 순수법학의 문제는 하나의 의미영역(규범)이 갖는 특수한 고유 의 법칙성이다.

# II
## 법과 도덕

Recht und Moral

# II
# 법과 도덕

## 8. 법과 정의

  순수법학은 법을 자연으로부터 엄격히 구별함으로써 자연과 정신을 분리하는 경계선을 찾고자 한다. 법학은 정신과학이지 자연과학이 아니다. 물론 자연과 정신의 대립이 실재와 가치, 존재와 당위, 인과법칙과 규범의 대립과 일치하는지에 대해서는 다툼이 있을 수 있다. 또는 정신의 영역이 가치, 당위, 규범의 영역보다 더 넓은지에 대해서도 다툴 수 있다. 하지만 규범으로서의 법이 하나의 정신적 실재이지, 자연적 실재는 아니라는 점을 부정할 수는 없을 것이다. 그렇기 때문에 법을 자연뿐만 아니라, 다른 정신적 현상, 특히 다른 종류의 규범과도 구별해야 할 과제가 제기된다. 이와 관련해서는 무엇보다 오래전부터 법과 도덕을 결합하는 전통으로부터 법을 해방시켜야 한다. 물론 그렇다고 해서 법이 도덕적이어야 한다는 요청, 즉 좋은 법이 되어야 한다는 요청을 거부한다는 뜻이 아니다. 이 요청은 너무나도 당연한 것이다. 다만 이 요청이 원래 무슨 의미인가는 전혀 다른 물음이다. 순수법학이 거부하는 것은 단지 법 자체가 도덕의 구성부분이라는 견해, 즉 모든 법이 법으로서 어떤 의미에서든 어느 정도는 도덕적이라는 견해일 따름이다. 법과 도덕을 결합하는 전통은 법을 도덕의 일부로 서술하면서, 이러한 서술이 단지 법이 도덕적으로 형성되어야 한다는 자명한 요청을 의미하는지 아니면 법이 도덕의 구성부분으로서 실제로 도덕적 성격을 갖고 있다는 의미인지를 제대로 밝히지 않은 상태에서 법에 대해 도덕이 주장하는 절대적 가치를 부여하려고 시도한다.

도덕적 개념범주로서의 법은 정의와 같은 의미이다. 정의로서의 법은 그 자체로 정당한 사회질서의 표현이다. 즉 모든 사람의 욕구를 만족시킴으로써 목표를 완벽하게 달성하는 질서를 말한다. 정의를 향한 동경은 — 심리학적으로 고찰해보면 — 인간이 개별적 존재로서는 찾을 수 없고, 그 때문에 사회 속에서 찾고자 하는 행복을 향한 끝없는 동경이다. 사회적 행복이 곧 '정의'인 것이다.

물론 정의라는 단어는 때때로 실정적인 합법성, 특히 법률과의 합치라는 의미로 사용되기도 한다. 이 경우에는 하나의 일반규범이 어떤 사례에는 적용되고, 이와 같은 종류의 다른 사례에는 적용되지 않으면 '부정의'로 여겨진다. 즉 일반규범 자체의 가치는 고려하지 않은 상태에서 '부정의'로 여겨진다. 이러한 언어사용에 따른다면 정의/부정의의 판단은 단지 규범에 합치하는지 여부라는 상대적 가치만을 표현할 뿐이다. 따라서 이 경우 '정의롭다gerecht'는 '합법적recht'의 또 다른 표현일 뿐이다.

그러나 법의 의미와는 구별되는 본래적 의미의 '정의'는 하나의 절대적 가치를 뜻한다. 절대적 가치의 내용은 순수법학을 통해 규정될 수 없다. 절대적 가치로서의 정의는 — 이미 수천 년 전부터 이 문제의 해결을 위해 헛된 노력을 경주했던 인간 정신의 역사가 증명하듯이 — 결코 합리적 인식을 통해 도달할 수 없다. 왜냐하면 실정법과는 구별되고 실정법에 비해 더 상위에 있는 질서로 사고되어야 하는 정의는 절대적 효력을 갖는다는 점에서 모든 실재의 피안에 있는, 플라톤의 이데아나 모든 현상의 피안에 있는 칸트의 초월적 물자체Ding an sich와 같이 모든 경험을 넘어선 피안의 영역에 있기 때문이다. 이러한 존재론적 이원론과 마찬가지로 정의와 법의 이원론 역시 형이상학적 성격을 갖고 있다. 그리고 정의와 법의 이원론은 존재론적 이원론과 마찬가지로 이 이원론이 낙관주의의 경향과 함께 등장하는지 아니면 비관주의의 경향과 함께 등장하는지에 따라 또는 보수적 경향과 함께 등장하는지 아니면 혁명적 경향과 함께 등장하는지에 따라 이중의 기능을 갖는다. 즉 낙관주의의 경향과 보수적 경향은 기존의 국가질서와 사회질서가 정의의 이상에 합치한다고 긍정할 것이고, 비관주의의 경향과 혁명적 경향은 기존의 질서가 정의의 이상에 모순된다는 이유로 부정할 것이다. 또한 이데아나 물자체의 본질을 과학적인 인식을 통해, 다시 말해 경험에 지향된 합리적 인식을 통해 규정하는 것이 불가능하듯이 — 이는 이데아나 물자체라는 전제 자체에 따른 결론이다 —, 도대체 정의의 본질이 무엇인가라는 물음에 대해 합리적 인식을 통해 대답하는 것 역시 불가능하다. 이 물음에 대답하려는 지금까지의 모든 시도는 예컨대 "선을 행하고 악을 피하라!", "각자에게 그의 몫을!", "중용을 지켜라!" 등과 같이 아무런 내용도 없는 공허한 형식에 도달했을 따름이다. 칸트의 '정언명령kategorischer Imperativ' 역시 내용이 없기는 마찬가지이다. 그 때문에 절대적 가치로서의 당위의 내용을 규정하기 위해 합리적 인식을 추구하는 학문에 문의한다면, 학문은 그저 "너는 마땅히 행해야 할 것을 마땅히 행해야 한다"라는 동어반복 말고는 달리 말해줄 수 있는 것이 없다. 이 동어반복의 배후에는ー물론 다양한 형태로 등장하고 또한 동어반복을 은폐하려는 힘겨운 노력을 기울이긴 하지만ー동일성Identität이라는 논리적 원칙이 자리 잡고 있을 뿐이다. 즉 선한 것은 선하고 악한 것이 아니며, 정의로운 것은 정의롭고 부정의가 아니다(a는 a이고 non-a가 아니다)라는 통찰에 불과하다. 그리하여 의지와 행위의 이상으로서의 정의를 인식의 대상으로 만들지 않을 수 없으며, 이로써 은연중에 정의를 동일성 명제에서ー소극적으로ー표현되는 진리 이념으로 전환하지 않을 수 없게 된다. 이렇게 문제를 변질시키는 것은 애당초 논리와는 무관한 대상을 논리화함으로써 나타나게 되는 불가피한 결론이다.

합리적 인식의 관점에서 보면 정의의 문제는 단지 다수의 이익들이 존재하고, 그로 인해 이익갈등이 발생하게 된다는 사정과 맞물려 있을 뿐이다. 즉 정의는 이익갈등을 어느 한 이익을 다른 이익의 희생하에 충족시키는 이익질서 또는 서로 대립되는 이익들 사이에 조정과 타협을 수립하는 이익질서를 통해 갈등의 해결이 이루어지는 문제일 따름이다. 따라서 그러한 이익질서들 가운데 어느 하나만이 절대적 가치를 갖는다는 것, 즉 하나의 이익질서만이 '정의롭다'는 것을 합리적 인식을 통해 정당화할 수는 없다. 그렇기 때문에 특정한 이익을 다른 이익들에 대항해서 관철하고자 할 때 흔히 원용되곤 하는 정의가 진정으로 존재한다면, 실정법은 전혀 필요하지 않을 것이고, 실정법이 존재하는 이유를 결코 이해할 수 없을 것이다. 왜냐하면 만일 자연, 이성 또는 신의 의지로부터 도출되는 절대적으로 선한 질서가 존재한다면, 국가 입법자의 활동은 밝은 대낮에 불을 켜는 것처럼 어리석은

II. 법과 도덕

시도에 불과할 것이기 때문이다. 정의의 존재를 부정하는 이와 같은 사고에 대해 흔히 다음과 같은 반론을 제기한다. 즉 정의가 존재하긴 하지만, 단지 이를 명확하게 규정할 수 없을 뿐이라고 한다. 하지만 이 반론은 그 자체 모순이다. 그리고 이러한 자기모순을 통해 너무나도 고통스러운 실상을 이데올로기적으로 은폐하려는 전형적인 전략을 구사한다. 정의는 비합리적인 이상일 따름이다. 이러한 비합리적인 이상이 인간의 의지와 행위를 위해 없어서는 안 될 것이라 할지라도, 인식을 통해 이러한 이상에 접근할 수는 없다. 오로지 실정법만이 인식의 대상으로 주어져 있을 뿐이다. 더 정확하게 말하면 실정법만이 인식의 과제로 부여되어 있을 뿐이다. 따라서 실정법과 정의를 뚜렷이 구별하는 데 노력을 기울이지 않으면 않을수록, 즉 법을 어떤 식으로든 정의롭다고 여기게 만들려는 법제정 권력의 시도에 대항하지 않고 이를 순순히 받아들일수록 고전적–보수적 자연법론의 특징인 이데올로기적 경향을 더욱 강화하게 될 것이다. 고전적–보수적 자연법론은 효력을 갖는 법을 인식하는 것이 아니라, 이를 정당화하고자 하며, 실정법이 그저 자연적, 신적 또는 이성적 질서, 다시 말해 절대적으로 정당하고 정의로운 질서라고 증명해서 실정법을 미화하고자 할 뿐이다. 이에 반해 법학의 역사에서 상대적으로 별다른 역할을 하지 못하는 혁명적 자연법론은 이와는 반대되는 의도를 갖고 있다. 즉 실정법이 어떤 식으로든 전제되어 있는 절대적 질서에 모순된다고 주장함으로써 실정법의 효력을 부정하고자 한다. 그 때문에 법의 현실이 실제보다 훨씬 더 나쁘게 평가되기도 한다.

# 9. 순수법학의 반이데올로기적 경향

권력정치적 의도나 작용이 너무나도 분명하게 드러나 있는 이러한 이데올로기적 경향들은 겉으로는 자연법론이 극복되었다고 보임에도 불구하고 여전히 오늘날의 법학을 지배하고 있다. 순수법학은 이러한 경향에 대항한다. 순수법학은 법을 있는 그대로 서술할 뿐, 법을 정의로운 것으로 정당화하거나 부정의한 것으로 폄하하지 않는다. 순수법학은 정당한 법에 대해 묻는 것이 아니라, 실제로 있는 법과 있을 수 있는 법에 대해 물을 뿐이다. 이런 의미에서 순수법학은 철저히 현실주의적인 법이론이다. 순수법학은 실정법에 대해 평가하는 것을 거부한다. 순수법학은 학문으로서 오로지 실정법의 본질을 파악하고 실정법의 구조를 분석함으로써 실정법을 이해하고자 노력할 뿐이다. 순수법학은 특히 기존의 정치질서를 정당화하거나 이를 폄하하는 수단이 되는 이데올로기를 공급해서 정치적 이해관계에 봉사하는 것을 철저히 거부한다. 이를 통해 순수법학은 — 의식적 또는 무의식적으로, 강하거나 약하게 — 이데올로기적 성격을 갖고 있는 전통적 법학과는 첨예한 대립관계에 서게 된다. 바로 이러한 반이데올로기적 경향을 통해 순수법학은 진정한 법학으로 증명된다. 왜냐하면 인식으로서의 학문은 대상의 모습을 밝히고자 하는 열망과 욕구를 품고 있기 때문이다. 이에 반해 이데올로기는 현실을 유지, 방어하고 미화할 의도에서 또는 현실을 공격, 파괴하고 다른 현실로 대체하려는 의도에서 현실을 왜곡함으로써 현실을 은폐한다. 모든 이데올로기의 뿌리는 의지이지, 인식이 아니며, 이 점에서 이데올로기는 특정한 이익, 더 정확히 말하면 진리를 추구하려는 이익 이외의 다른 이익(물론 이 다른 이익이 어떠한 가치나 품위를 갖고 있는지는 별개의 문제이다)에 기인한다. 그렇기 때문에 인식은 언제나 의지가 사실에 둘러쳐놓은 장막을 찢어버리게 된다. 아마도 법을 창조하고 이를 유지하고자 노력하는 권위는 자신이 만들어낸 산물인 법에 대한 탈이데올로기적 인식이 과연 도움이 될 것인지에 대해 의문을 품을지도 모른다. 또한 기존 질서를 파괴해서 더 좋다고 여기는 질서로 대체하고자 하는 세력들도 순수법학이 추구하는 법인식을 쓸모없다고 여길지도 모른다. 그러나 법에 관한 학문은 그러한 문제에 골몰할 필요가 없다. 순수법학은 모든 이데올로기로부터 벗어나 법에 관한 학문이 되고자 한다.

# III

## 법의 개념과 법명제 이론

Der Begriff des Rechts und
die Lehre vom Rechtssatz

# III
# 법의 개념과 법명제 이론


## 10. 자연법론과 법실증주의

순수법학이 투쟁 대상으로 삼는 전통적 법이론이 갖는 이데올로기적 성격은 법개념에 대한 통상적인 규정에서도 이미 드러나 있다. 전통적 법이론은 오늘날에도 여전히 — 앞에서 이미 암시한 바와 같이 — 초월적 법개념을 사용하는 보수적 자연법론의 영향 아래 있다. 초월적 법개념은 자연법론이 지배하던 시기에 철학이 지니고 있었던 형이상학적 성격에 완벽하게 부합한다. 그리고 이 시기는 정치적으로 볼 때 절대군주제의 경찰국가가 전개되던 시기와 일치한다. 19세기에 자유주의적인 부르주아 계층의 승리와 함께 형이상학과 자연법론에 대항하는 뚜렷한 반작용이 시작된다. 경험적 자연과학의 진보 그리고 종교적 이데올로기의 비판적 해체와 함께 손을 잡고 부르주아 법학은 자연법론에서 실증주의로의 방향전환을 수행한다. 그러나 이러한 전환이 급격한 전환이었을지는 모르지만 결코 완벽한 전환은 아니었다. 물론 법은 더 이상 영원하고 절대적인 개념범주로 전제되지 않았다. 즉 법의 내용이 역사적 변화를 겪게 되고, 실정법으로서의 법은 시간적 및 공간적 상황에 의해 제약을 받는 현상이라는 사실을 인식하게 되었다. 그렇지만 절대적 법가치에 관한 사고 자체가 사라지지는 않았다. 이러한 사고는 실증주의 법학에 의해서도 고수된 윤리 이념인 '정의'를 통해 계속 살아남아 있다. 비록 정의와 법 사이의 구별을 명시적으로 강조하긴 하지만 그럼에도 양자는 여전히 어떤 식으로든 눈에 보이는 끈을 통해 서로 연결되어 있다. 그렇기 때문에 국가의 실정적 질서가 '법'이 되기 위해서는 이 질서가 윤리의 최소한을 실현하는 것이든 아니면 ―비록 완벽하게 달성할 수는 없다고 할지라도― 정당한 법, 즉 정의로운 법이 되기 위해 노력한다는 것이든 관계없이 어떻게든 정의에 참여해야 한다고 말한다. 다시 말해 실정법이 '법'이 되기 위해서는 아무리 소박한 정도일지라도 어떻게든 법이념에 부합해야 한다는 것이다. 하지만 각각의 국가질서가 갖는 법적 성격 자체는 이미 당연한 것으로 전제되어 있기 때문에, 최소화된 자연법론인 도덕적 최소한의 법이론은 국가질서의 정당화까지 보장한다. 그리고 부르주아 계층의 공고한 지배가 정착한 비교적 안정적인 시기, 즉 사회세력들 사이의 힘의 균형이 비교적 안정성을 갖고 있는 시기에는 그와 같은 최소한의 보장만으로도 충분하다. 물론 공식적으로 승인된 실증주의 원칙을 일관되게 관철해서 이 원칙의 최종적 결론까지 도출하지는 않으며, 그 때문에 법학 역시 완벽하게 실증주의를 지향하지는 않는다. 그렇긴 하지만 법학이 주로 실증주의를 지향하고 있다는 것만은 분명하다.

# 11. 법의 개념범주로서의 '당위'

## a) 초월적 이념으로서의 당위

이러한 정신적 상황은 실정법이 포섭되는 상위개념인 규범개념 또는 당위개념에 분명하게 표현되어 있다. 물론 법적 규범과 도덕적 규범이 일치하지 않는다는 점은 항상 강조되고 있다. 하지만 법학 쪽에서 도덕이라는 절대적 가치를 부정하지는 않는다. 이러한 태도를 취하는 이유는 전적으로 법이 그저 상대적 가치만을 갖는다는 사정을 더욱 분명하게 드러내기 위해서인 것 같다. 그렇다면 절대적 가치의 존재는 이를 관할할 자격이 없다고 느끼는 법학으로서는 결코 부정할 수 없는 대상이 된다는 단순한 사실만으로도 이미 법학적 법개념에 영향을 미치게 된다. 실제로 법을 도덕과 마찬가지로 규범으로 여기고 법규범의 의미를 도덕규범의 의미와 마찬가지로 '당위'로 표현한다면, 법규범의 개념과 법적 당위에는 도덕의 고유한 속성에 속하는 절대적 가치의 흔적이 어떤 식으로든 남아 있게 된다. 그리하여 무언가가 법적 규범의 대상이 된다든가 어떤 내용이 법적 당위에 해당한다는 판단은 그것이 좋다, 정당하다, 정의롭다는 생각으로부터 완전히 벗어날 수 없게 된다. 법의 개념을 규범과 당위로 규정한 19세기의 실증주의 법학이 사실상 어떤 이데올로기적 요소로부터 완전히 벗어나지 못했다는 것은 바로 이러한 의미이다.

## b) 선험적 개념범주로서의 당위

법학을 이데올로기적 요소로부터 해방시키는 것은 순수법학이 수행하고자 하는 과제이다. 즉 순수법학은 법규범의 개념을 도덕규범의 개념 ― 물론 법규범이라는 개념은 도덕이라는 개념에서 유래한다 ― 으로부터 완전히 분리해서 도덕률과는 뚜렷이 구별되는 법의 고유한 법칙성을 보장하고자 한다. 이는 다음과 같은 방식으로 이루어진다. 즉 법규범을 ― 대부분의 전통적 이론이 생각하는 것처럼 ― 도덕규범과 똑같이 명령Imperativ으로 이해하는 것이 아니라, 가설적 판단으로 이해한다. 가설적 판단은 조건이 되는 사실과 이 조건에 따른 결과 사이의 특수한 연결 관계를 표현한다. 이렇게 함으로써 법규범은 법률의 기본적 형식이 되는 법명제Rechtssatz가 된다. 자연법칙이 원인으로서의 특정한 사실을 결과로서의 다른 사실과 결합하듯이 법적 법칙인 법률도 법적 조건을 법적 결과(또는 이른바 불법 결과)와 결합시킨다. 자연법칙의 경우 사실들의 연결방식이 인과관계라면, 법적 법칙의 경우에는 귀속Zurechnung이다. 순수법학은 귀속을 법의 특수한 법칙성으로 인식한다. 따라서 결과가 원인으로 소급되듯이 법적 결과(법률효과)는 법적 조건(구성요건)으로 소급된다. 그러나 법적 결과가 법적 조건에 의해 인과적으로 야기된다고 볼 수는 없다. 법적 결과(또는 불법 결과)는 법적 조건에 귀속될 따름이다. 따라서 누군가가 범죄 '때문에' 처벌되었다거나, 빚을 갚지 않았기 '때문에' 누군가의 재산에 대한 강제집행이 이루어졌다고 말할 때, '때문에'는 인과관계가 아니라, 귀속을 뜻한다. 형벌과 범죄의 관계, 강제집행과 민사상의 불법(요건사실)의 관계는 결코 인과적 의미가 아니라, 규범적 의미를 갖는다. 순수법학이 실정법을 서술할 때 동원하는 당위는 '귀속'으로 지칭되는 이러한 관계의 표현이고, 따라서 법의 특수한 존재방식, 즉 효력의 표현이다. 다시 말해 당위Sollen는 '법'이라는 체계에 속하는 사실들이 서로 결합되는 관계에 놓이게 만드는 고유한 의미의 표현이다. 이에 반해 자연법칙의 경우 인과법칙의 표현은 곧 필연Müssen이다.

인과법칙이든 귀속이든 두 경우 모두 각각의 체계 ─ 한 쪽은 자연, 다른 쪽은 법 ─ 를 구성하는 요소들의 특수한 기능적 연관성을 표현하고 있을 뿐이다. 특히 인과관계 역시 체계 요소들의 기능적 연관성을 의미할 따름이다. 물론 이러한 의미의 인과관계는 원래 인과관계에 붙어 있던 주술적, 형이상학적 의미로부터 벗어난 것이다. 즉 이 세상 만물이 영혼을 갖고 있다고 믿던 애니미즘의 시대에는 원인 속에 이미 결과를 생성해내는 신비한 힘이 깃들어 있다고 생각했고, 따라서 인과관계를 요소들 사이의 기능적 연관성으로 여기지 않았다. 하지만 자연과학도 요소들의 연관성이라는 순화된 인과성 원칙을 포기할 수 없다. 왜냐하면 이 원칙에는 자연을 파악하고 이해해야 한다는 요청이 표현되어 있고, 우리가 인식해야 할 사실들의 연결 이외에는 이 요청에 부응할 수 있는 다른 방법이 없기 때문이다. 자연법칙이 "A이면 필연적으로muss B이어야 한다"고 말한다면, 법적 법칙은 "A이면 마땅히soll B이어야 한다"고 말한다. 이때 A와 B의 연관성이 어떠한 도덕적 또는 정치적 가치를 갖는지에 대해서는 전혀 언급하지 않는다. 따라서 당위는 법과 관련된 경험적 소재를 파악하기 위한 (상대적인) 선험적 개념범주로 존재할 따름이다. 이 측면에서 실정법이 사실들을 결합하는 특수한 방식을 파악하고 표현하기 위해 당위는 필수불가결한 전제이다. 왜냐하면 이러한 결합이 원인과 결과 사이의 결합이 아니라는 것은 분명하기 때문이다. 범죄에 귀속되는 형벌은 원인에 따른 결과가 아니다. 인과관계와는 완전히 다른 방식으로 이루어지는, 두 가지 사실(범죄와 형벌)의 연결은 입법자가 설정한 것이다. 이 점에서 귀속은 인과관계와는 완전히 다른 것이지만, 인과관계와 마찬가지로 확고한 구속력을 갖는다. 왜냐하면 법의 체계에서는 법에 근거해서 범죄에는 언제나 그리고 예외 없이 형벌이 뒤따른다. 설령 자연의 체계에서 어떤 이유로 인해 형벌이 부과되지 않는다고 할지라도 법의 체계에서는 범죄에는 형벌이 뒤따른다. 만일 자연의 체계에서도 형벌이 부과된다면 형벌은 원인으로 기능하는 범죄에 따른 결과로서 발생해야만 하는 것이 아니라, 전혀 다른 원인을 통해 야기될 수 있다. 즉 범죄가 실제로는 전혀 발생하지 않은 경우에도 형벌이 야기될 수 있다. "이른바 불법이 발생한다면 불법에 따른 결과가 마땅히soll 발생해야 한다"라고 말할 때, 이 '마땅히'는—법의 개념범주로서—법명제를 통해 법적 조건과 법적 결과가 서로 결합하게 되는 특수한 의미를 뜻할 뿐이다. 당위라는 법의 개념범주는 순전히 형식적 성격만을 갖는다(이 점에서 당위는 초월적 이념과는 근본적으로 다르다). 이 개념범주는 서로 연결된 사실들이 어떠한 내용을 갖든 관계없이 또한 법으로 파악되어야 할 행위가 어떠한 종류의 것이든 관계없이 언제나 적용할 수 있다. 어떠한 사회적 현실에 대해서도 그것의 내용적 형성에 문제가 있다는 이유로 당위라는 법적 개념범주에 부합될 가능성을 부정해서는 안 된다. 이 점에서 당위는 칸트 철학에서 의미하는 인식론적-선험적 성격을 가지며, 결코 형이상학적-초월적 성격을 갖지 않는다. 바로 이 점을 통해 당위라는 개념범주는 철저한 반이데올로기적 경향을 유지하게 되고, 바로 이 점이 전통적 법이론이 격렬하게 저항하는 이유이다. 왜냐하면 전통적 법이론은 소비에트 공화국의 질서를 이탈리아의 파시즘 질서나 프랑스의 자본주의적-민주적 질서와 똑같이 하나의 법질서로 파악하는 것을 참기 어려운 일로 생각하기 때문이다.

## c) 자연법과 형이상학으로의 회귀

전통적 법이론은 세계대전을 통해 사회적 동요가 야기된 이후부터 전반적으로 자연법론으로 회귀하는 경향을 보이고 있다. 이는 전통적 철학이 칸트 이전의 형이상학으로 회귀하는 것과 같은 맥락이다. 19세기 초반에 봉건귀족이 처한 정치적 상황과 비슷하게 부르주아 계층은 20세기 중반에 이 봉건귀족들이 부르주아 계층에 대항하는 투쟁에서 옹호했던 정치적 이데올로기와 똑같은 이데올로기로 회귀하고 있다. 그리하여 순수법학이 이데올로기 적대적이고 실증주의적이었던 19세기의 철학과 법학을 일관되게 관철한 결론을 도출한다는 이유 때문에 순수법학은 칸트의 선험철학과 법실증주의를 부정하는 아류들Epigonen로부터 엄청난 저항을 받고 있다.

## 12. 강제규범으로서의 법

그러나 당위 또는 규범이라는 형식적 개념범주만으로는 법의 상위 개념을 획득할 수 있을 뿐, 법이 다른 규범에 비해 갖고 있는 특수한 차이를 획득할 수 없다. 19세기 법이론은 전반적으로 볼 때 법규범이 강제를 지시하는 규범이라는 의미에서 강제규범이고, 바로 이 점을 통해 다른 규범과 구별된다는 데 대해서는 견해가 일치한다. 적어도 이 점에 관한 한 순수법학은 19세기의 실증주의 법이론의 전통을 계승한다. 즉 순수법학은 법명제를 통해 특정한 조건에 연결되는 결과를 국가의 강제행위(형벌과 민사상 또는 행정적 강제집행)로 파악한다. 이로써 조건이 되는 사실을 불법으로, 조건에 따른 결과를 불법 결과로 규정한다. 그러나 인간의 행동에 내재하는 어떤 성질이나 이 행동이 도덕규범과 같은 초법적인 규범과 맺고 있는 어떤 관련성, 즉 실정법을 초월하는 가치와의 관련성 때문에 이 행동을 위법한 범죄(또는 불법행위)로 여겨야 하는 것이 아니라, 오로지 법명제에서 특정한 행동을 특수한 결과의 조건으로 규정하고 있다는 점, 즉 실정법질서가 이 행동에 대해 강제행위를 통해 반응한다는 점 때문에 위법한 행동으로 여겨야 할 따름이다.

## 13. 불법의 개념

순수법학이 취하고 있는 내재적 관점에서는 불법이라는 개념이 갖는 의미에 근원적 변화가 일어난다. 입법자의 동기, 즉 하나의 사실이 규범을 제정하는 권위가 보기에 바람직하지 않다는 사정, 다시 말해 그 사실이 ― 흔히 부정확하게 표현하는 방식을 따르자면 ― 사회에 해악이 된다는 사정(정확하게는 입법자가 그 사실을 사회에 해악이 되는 것으로 여긴다고 말해야 한다)이 불법 개념의 기준이 되는 것이 아니다. 어떤 사실이 불법이 되는 것은 오로지 문제의 사실이 법명제에서 차지하고 있는 지위 때문이다. 다시 말해 문제의 사실이 법의 특수한 반작용인 강제행위(이는 국가의 활동이다)의 조건이 된다는 사정이 불법 개념의 기준이 된다. 따라서 불법이란 법명제에 결과로 규정되어 있는 강제행위가 지향하고 있는 인간의 특정한 행동—이 역시 법명제에 결과를 귀속시키기 위한 조건으로 규정되어 있다—을 지칭한다. 그 러므로 불법이 되는 사실은 강제행위의 대상이 되는 사람의 행동으로 서 불법 결과를 귀속시키는 다른 모든 조건들과는 구별된다. 예를 들 어 원시적 법질서나 법인에게 귀속되는 불법과 같은 경우에 불법 결 과는 불법이 되는 사실을 정립한 사람 이외의 다른 사람에게 지향되 는데, 이는 오로지 양자 사이에 입법자가 전제하는 어떤 결합관계(이 는 실제의 결합관계일 수도 있고, 가상의 결합관계일 수도 있다)가 존재한다 는 전제하에서만 가능하다. 이와 같은 경우를 타인의 불법에 대한 책 임Haftung이라고 부른다. 예컨대 살인자의 가족이 살인자를 대신해서 책임을 부담하는 경우, 군주가 자신의 신민이 저지른 불법에 대해 책 임을 부담하는 경우 또는 국민이 다른 국가기관에 의해 야기된 법위 반에 대해 책임을 지는 경우(집단책임)가 여기에 해당한다. 불법의 실 제 주체와 불법 결과가 귀속되는 객체 사이에는 언제나 물리적 또는 법적 동일성이 존재한다.

이러한 고찰방식을 통해 불법은 단순히 법의 부정Negation des Rechts— 법정책적 관점에서 불법은 법의 부정으로 여겨진다—이 아니라, 법 의 특수한 조건spezifische Bedingung des Rechts이며, 이로써 법인식의 대상이 된다. 즉 법인식은 불법도 오로지 법으로 파악할 수 있을 뿐이다. 이제 불법 개념은 법체계 외부의 지위—오로지 학문 이전의 단계에 속하 는 순진한 법학만이 불법 개념을 법체계 외부에 자리 잡은 지위로 유 지할 뿐이다—를 포기하고, 법체계 내부의 지위를 획득하게 된다. 두 가지 다른 규범적 인식방식에 해당하는 윤리학과 신학 역시 같은 방식으로 문제를 처리한다. 즉 이 두 학문은 세계를 선善의 체계로 해석하려고 시도하는 변신론Theodizee을 통해 악惡으로부터 단순한 선의 부정이라는 악의 근원적 성격을 탈색시켜서 악을 단지 선의 실현을 위한 조건으로 — 다시 말해 악은 궁극적으로 속죄 및 이를 통한 선의 승리로 귀결된다는 사고 — 여겨지도록 한다. 이와 마찬가지로 순수법학은 인간이 불법이라는 사실을 통해 법을 '파괴'하거나 '침해'한다는 식의 사고로부터 해방시킨다. 순수법학은 법이 불법을 통해 결코 파괴되거나 침해될 수 없으며, 오히려 불법을 통해 법이 비로소 본질적 기능을 달성한다는 것을 보여준다. 불법은 — 전통적인 견해가 생각하듯이 — 법의 존재의 중단을 뜻하는 것이 아니라, 오히려 그 정반대를 뜻한다. 즉 법의 존재는 불법에 비추어 비로소 입증된다. 다시 말해 법의 존재방식인 효력은 불법 결과로서의 강제행위를 귀속시켜야 한다는 당위를 통해 입증된다.

이 점에서도 순수법학은 우리 시대의 법이론에 반대된다. 우리 시대의 법이론은 자연법론으로의 회귀와 밀접한 연관성을 맺으면서 강제라는 요소를 법의 경험적 기준으로 파악하는 것을 포기하려고 한다. 왜냐하면 법에 내재하는 내용, 즉 법이념과의 일치를 기준으로 삼아 법을 인식할 수 있다고 생각하기 때문이다. 그리고 법의 구속력이 법의 가치에 대한 직접적 통찰에 기초해야 하기 때문에 — 다시 말해 실정법이 신적 또는 자연적 질서와 같은 절대적 질서를 반영해야 하기 때문에 — 강제의 지시는 법에게 본질적일 필요가 없게 되며, 법의 효력은 절대적 도덕의 효력과 똑같이 명확한 구속력을 수반하는 내적 강제에 기초하게 된다고 한다. 이는 명백히 순수법학이 반대하는 자연법적 견해이다.

# 14. 사회적 기술로서의 법

## a) 법질서의 실효성

법이 — 순전히 실증주의적으로 볼 때 — 외적 강제질서일 뿐이라면, 법은 단지 특수한 사회적 기술soziale Technik로 파악된다. 즉 바람직하다고 여기는 사회적 상태에 모순되는 반대상태를 의미하는 인간 행동에 강제행위(이는 생명, 자유, 경제적 가치와 같은 이익을 강제로 박탈하는 것이다)를 결과로 연결시킴으로써 바람직하다고 여기는 사회적 상태를 야기하거나 야기하려고 시도하는 기술이 된다. 이와 관련해서 법질서는 명백히 다음과 같은 전제에서 출발한다. 즉 법질서가 규율하는 행동의 주체인 인간들이 이러한 강제행위를 해악으로 여기고, 이로부터 벗어나려고 노력한다고 전제한다. 그렇기 때문에 법질서의 목적은 인간들로 하여금 만일 자신들이 특정한 방식으로 행동할 경우에 위협되고 있는 해악을 염두에 두면서 그와는 반대되는 행동을 하도록 동기를 부여하는 것이다. 법질서가 의도하는 실효성Wirksamkeit의 의미는 바로 이러한 동기부여이다. 실효성의 관점에서 법질서의 내용은 — 모든 사회적 규범의 내용이 그렇듯이 — 인간의 행동에 한정된다. 왜냐하면 생래적으로 이성과 의지를 갖고 있는 인간만이 규범을 생각하면서 규범에 합치하는 행동을 하도록 동기를 부여받을 수 있기 때문이다. 따라서 인간의 작위 또는 부작위에 관련되는 다른 사실들 자체, 즉 이른바 사건들은 오로지 인간의 행동과 본질적으로 관련을 맺을 때만 비로소 인간 행동의 조건 또는 결과로서 법규범의 내용이 될 수 있을 뿐이다. 원시적 법질서가 인간에 대해서 뿐만 아니라, 동물과 물건에 대해서도 불법 결과(불법효과)를 귀속시킴으로써 인간이 아닌 주체의 행동까지도 규율하려고 시도한 것은 원시적 애니미즘이 동물과 물건도 영혼이 있다고 여기고, 이들의 행동도 인간의 행동과 유사하게 해석했기 때문이다.

### b) 이차적 규범

법질서의 목적이라는 관점에서 인간은 위협된 강제행위를 피하도록 행동해야 한다는 요청을 전제한다면 법질서는 ─법이 목적으로 삼고 있는─ 일정한 행동을 명령하고 있는 규범들의 총합으로 분해할 수 있다. 예컨대 '도둑질을 해서는 안 된다', '빌린 돈은 갚아야 한다' 등을 명령하고 있는 규범들의 총합이 곧 법질서라고 생각할 수 있다. 하지만 명령이 등장하는 규범들의 총합으로 법질서를 이해하게 되면 규범의 법적 성격과 관련해서 본질적인 측면에 해당하는, 강제행위와의 관련성이 표현되지 않는다는 점을 분명하게 의식해야 한다. 그러므로 강제를 피하는 ─즉 법질서가 목적으로 삼는─ 행동을 정립하는 규범은 오로지 다음과 같은 전제하에서만 법규범이 된다. 즉 규범을 통해 ─서술의 편의를 위해 축약된 형태로 말하자면─ 명령과 반대되는 행동이라는 조건에 대해 강제행위가 그 결과로서 발생해야만 한다는 사실을 법명제가 완벽하고 정확하게 표현하고 있을 때만 비로소 그 규범은 법규범이 된다. 바로 이 측면이 법규범의 일차적 형태에 해당되는 내용이다. 그렇기 때문에 강제를 피하는 행동을 정립하는 규범은 단지 이차적 법규범에 해당할 뿐이라고 볼 수 있다. 이차적 규범에 의해 당위로 정립되는 사실(법질서가 목적으로 삼고 있는, 강제를 피하는 행동)과 비교해 볼 때 불법(강제행위의 조건)은 단지 부정 Negation, 즉 일종의 모순을 뜻할 뿐이다. 그러나 당위로 정립된 사실은 이 사실에 반대되는 것을 정립하고 있는 이차적 규범과의 관계에 비추어 볼 때도 결코 논리적 모순이 아니다. 논리적 모순은 오로지 두 개의 당위명제 또는 두 개의 존재명제 사이에서만 존재할 수 있을 뿐, 당위를 말하는 명제와 존재를 말하는 명제 사이에는 결코 모순이 존재할 수 없다. 다시 말해 두 개의 규범 사이에는 모순이 있을 수 있지만, 당위규범과 존재사실 사이에는 모순이 있을 수 없다. 즉 'a이어야 한다/non-a이어야 한다'는 논리적 모순이지만, 'a이어야 한다/non-a이다'는 논리적 모순이 아니다. 그렇기 때문에 규범위반은 논리적 모순과는 전혀 다른 개념범주이다. 하나의 사실이 이와는 반대되는 내용을 정립하고 있는 규범에 저촉되는 경우, 사실과 규범의 관계를 논리적 대립으로 지칭할 수는 없지만, 목적론적 대립이라고 지칭할 수는 있다. 물론 여기서 말하는 목적은 객관적 목적으로 전제하게 된다. 전통적인 위법성 개념과 합법성 개념, 즉 법에 모순되는 행동과 법에 부합하는 행동이라는 개념은 분명 법의 목적을 표현하는 이차적 법규범에 초점을 맞추고 있다. 우리의 맥락에서는 이 개념들을 다음과 같은 전제하에 사용할 수 있다. 즉 위법성은 강제행위의 조건이 되는 행동을, 합법성은 강제행위를 피하는 행동을 뜻한다.

### c) 법복종의 동기

법질서에 부합하는 인간 행동이 실제로 강제행위의 위협이 야기한 생각의 결과인지는 확실하게 대답하기 어려운 문제이다. 법이 목표로 삼는 상태를 야기하는 동기는 강제행위의 위협과는 전혀 다른 동기에 기인하는 경우가 상당히 많기 때문이다. 즉 반드시 형벌이나 강제집행에 대한 두려움 때문에 합법적으로 행동하는 것은 아니다. 오히려 종교적 또는 도덕적 행위동기, 사회적 풍속에 대한 고려, 사회적 경멸에 대한 염려 그리고 위법한 행동을 하게 만드는 어떠한 자극도 없는 상황 등이 법과 현실이 서로 상응하도록 야기하는 요인이 된다. 법질서의 효력과 관련해서 매우 중요한 의미를 갖는—이에 대해서는 나중에 자세히 서술하겠다—이러한 상응관계(인간의 실제 행동이 법질서에 부합하는 관계)가 반드시 법질서의 실효성에 기인하는 것은 아니다. 오히려 이러한 상응관계를 야기하거나 촉진하는 기능을 갖는 이데올로기의 실효성에 기인할 수 있는 가능성도 얼마든지 존재한다.

법에 특수한 방식으로, 다시 말해 사회에 해가 된다고 여겨지는 인간 행동을 인간이 해악으로 여기는 강제행위와 결합시킴으로써 여하한 내용의 사회적 목적도 추구할 수 있다. 법은 그러한 목적이 아니라, 목적을 달성하기 위한 특수한 수단이다. 바로 이 점으로부터 앞에서 설명한 이차적 법규범 자체만으로는 왜 법의 본질적 표현이 될 수 없는지를 분명하게 파악할 수 있다(이차적 법규범은 법적 조건과 법적 결과를 결합하는 법명제를 고려하지 않기 때문이다). 법은 그 자체 어떠한 정치적 또는 윤리적 가치도 갖지 않는 강제장치이다. 법이라는 강제장치가 갖는 가치는 오히려 수단으로서의 법을 초월한 목적에 달려 있다. 이 점 역시 법으로 파악할 수 있는 특정한 사실을 모든 이데올로기로부터 벗어나 해석할 때 도달하게 되는 결론이다. 그렇기 때문에 법으로 파악할 수 있는 특정한 사실은 명백히 역사적 상황에 제약을 받는 사실로 인식된다. 이로써 하나의 강제질서라는 사회적 기술과 이 강제질서를 통해 유지되어야 할 사회적 상태 사이에는 내적 연관성이 있다는 통찰을 얻게 된다. 유지되어야 할 상태가 어떠한 상태이고 특히 이 상태가 사회주의 쪽에서 주장하듯이 착취를 일삼는 계급지배의 성격을 갖고 있는지는 순수법학의 관점에서는 전혀 중요하지 않다. 왜냐하면 순수법학은 법적 질서를 통해 추구되고 달성되는 목적을 고찰하는 것이 아니라, 오로지 법적 질서 그 자체만을 고찰하기 때문이다. 즉 순수법학은 법질서를 질서의 목적과 관련해서 고찰하지 않으며, 따라서 법질서를 특정한 결과에 도달하기 위한 가능한 원인으로 — 왜냐하면 수단-목적의 관계는 단지 인과관계의 특수한 경우에 해당하기 때문에 — 고찰하지 않는다. 순수법학은 단지 법질서의 의미내용이 갖고 있는 고유한 규범적 법칙성에 비추어 법질서를 고찰할 뿐이다.

## 15. 당위의 부정

이와 같은 규범적 의미 자체를 부정하는 경우도 가끔 있다. 즉 법, 다시 말해 법을 제정하는 행위를 단지 제정행위가 대상으로 삼는 사람들의 특정한 행동을 야기하기 위한 수단으로만 고찰하고, 따라서 법을 특정한 결과의 원인으로만 고찰하려고 한다. 이를 통해 법질서를 인간의 행동방식이 일정하게 진행되는 규칙성을 통해 파악할 수 있다고 생각한다. 법을 이와 같은 방식으로 고찰할 때는 제정행위가 갖는 규범적 의미를 의도적으로 무시한다. 왜냐하면 존재와는 구별되는 당위의 의미를 전제할 수 없다고 생각하기 때문이다. 그렇게 해서 "절도를 한 자는 처벌되어야 한다"는 입법자나 법이론가의 주장은 절도한 자를 처벌함으로써 다른 사람들로 하여금 절도를 범하지 않도록 만들려는 시도일 따름이라고 한다. 다시 말해 법이란 적절한 행동을 하도록 야기하는 동기를 부여하는 힘을 갖는 생각을 사람들의 마음속에 생산해내려는 노력이라는 것이다. 이로써 절도범을 처벌해야만 한다거나 절도를 해서는 안 된다는 법적 입장은 어떤 사람들이 다른 어떤 사람들로 하여금 절도를 하지 않거나 절도범을 처벌하도록 동기를 부여하려고 시도하며, 사람들은 일반적으로 절도를 하지 않으며 또한 일반적으로 절도범을 처벌한다는 사실의 확인으로 해체되고 만다. 이렇게 되면 법이란—법을 제정하는 사람들과 법을 수행하는 사람들 사이의 관계 속에서—예컨대 동물에게 미끼를 던져 함정에 빠지도록 유인하는 사냥꾼의 시도와 같은 종류의 시도가 된다. 이러한 비유는 타당하다. 왜냐하면 두 현상 모두 동기유발의 맥락에서 공통점을 갖고 있을 뿐만 아니라, 법을 이와 같이 동기유발의 관점에서 고찰하는 입장에 따르면 법을 (입법자나 법학이) 규범으로 서술하는 것은 일종의 '기망'이 그 바탕에 깔려 있다고 보기 때문이기도 하다. 즉 이와 같은 관점에서 보면 '규범'은 결코 '존재'하지 않으며, 이것 또는 저것이 '마땅히soll' 행해져야 한다는 주장은 순수법학이 주장하는 것과는 달리 결코 도덕과 구별되는 특수한 실정법적 의미를 갖지 않는다고 한다. 이러한 관점에서는 인과연쇄 속에 있는 자연적 사실만이 고려의 대상이 될 뿐이고, 법적 행위는 전적으로 사실성의 측면에서만 고려될 뿐, 결코 규범이 갖고 있는 특수한 의미내용의 측면에서 고려되지 않는다. 그 때문에 법 스스로가 표방하고 있고 법학이 서술하고 있는 규범과 당위는—순수법학이 모든 도덕적-절대적 가치로부터 벗어나 섬세하게 밝힌 규범과 당위의 의미조차도—단순한 '이데올로기'로 여겨질 뿐이다. 오로지 원인과 결과 사이의 법칙에 따르는 정신적-육체적 사건, 즉 자연만이 진정한 '현실'로서 학문적 인식의 대상이 된다는 것이다.

## 16. 법의 규범적 의미

과연 그와 같은 관점에서 도대체 사회현상을 파악할 수 있는 것인지 그리고 그와 같이 고찰할 경우에는 모든 사회적인 것das Soziale들이 남김없이 해체되고 특수한 대상으로서의 사회적인 것의 영역이 사라져버리는 것은 아닌지에 대해서는 여기서 논의하지 않겠다. 왜냐하면 사회적인 것은 기본적으로 이데올로기적 성격을 갖고 있고, 사회는 오로지 실재에 관한 이데올로기라는 점에서만 자연과 구별된다고 볼 수밖에 없는 여러 가지 증거들이 있기 때문이다. 다만 사회를 이렇게 파악하게 되면 법의 특수한 의미가 상실된다는 것만은 분명하다. '규범' 또는 '당위'로부터 모든 의미를 삭제해버리면 "이것은 법적으로 허용되고, 저것은 법적으로 금지된다", "이것은 내 소유이고, 저것은 네 소유이다", "X는 권리가 있고, Y는 의무가 있다"라고 주장하는 것은 아무런 의미도 갖지 못한다. 간단히 말하자면, 법적 생활 속에서 일상적으로 표현되는 무수히 많은 언명들은 의미를 상실한다. 왜냐하면 내가 "A는 B에게 1,000을 지불할 법적 의무가 있다"라고 말하는 것과 "A는 B에게 1,000을 지불할 개연성이 있다"라고 말하는 것은 완전히 다르기 때문이다. 또한 내가 "이 행동은 법률에서 의미하는 범죄이고 법률에 따라 처벌되어야 한다"라고 말하는 것과 "이것을 행한 자는 처벌을 받을 개연성이 매우 높다"라고 말하는 것은 완전히 다르다. 즉 입법자가 법률을 적용하는 기관에게, 이 기관이 — 법관의 판결 또는 행정행위를 통해 ― 다시 시민에게, 시민이 ― 법률행위를 통해 ― 다시 다른 시민에게 지향하는 당위의 내적 의미는 장래의 행동이 진행될 개연성에 관한 언명으로는 결코 파악할 수 없다. 그러한 언명은 (법과 법적 당위를 벗어난) 초월적인 관점에서 이루어진다. 따라서 이 언명은 "무엇이 법적으로 타당한가?"라는 특수한 법학적 물음에 대답하는 것이 아니라, "무엇이 발생하고 발생하게 될 것인가?"라는 법을 초월한 물음에 대답할 뿐이다. 만일 법의 규범적 의미가 단지 '이데올로기'일 뿐이라면, 법의 내재적 의미를 파악하고자 하는 법이론은 법을 생성하고 법을 적용하는 기관과 법을 추구하는 대중들에게 표출되는 법을 단지 이데올로기의 고유한 법칙성에 따라서만 파악하게 될 것이다.

순수법학은 이 점을 뚜렷하게 의식하고 있다. 순수법학은 실정법에 내재하는 당위로부터 형이상학적이고 절대적인 가치의 성격을 완전히 탈색시킴으로써(다시 말해 법을 법명제를 통한 조건과 결과의 결합을 표현하는 것일 뿐이라고 이해함으로써) 순수법학 스스로 법의 이데올로기적 성격에 대한 통찰의 토대가 되는 관점에 도달할 수 있는 길을 열게 되었다. 순수법학은 특정한 사실들이 '법'으로 지칭되고, 특수한 규범적 의미를 갖는다는 것이 결코 필연적인 해석에 따른 결론이 아니라, 단지 특정한 기본적 전제조건하에서만 가능하게 되는 해석의 결론일 뿐이라는 점을 숨기지 않는다. 법의 존재를 자연적 사실 및 자연적 사실을 지배하는 자연법칙처럼 증명할 수는 없으며, 그 때문에 법과 관련해서는 필연적 논거를 통해 어떤 태도를 반박할 수 없다. 예컨대 이론적 무정부주의를 취하는 태도는 법률가들이 법이라고 말하는 것을 그저 노골적인 폭력으로 여길 따름이며, 이러한 태도를 반박할 필연적 논거는 존재하지 않는다. 그렇지만 순수법학은 이러한 사정으로부터 당위라는 개념범주 자체와 법에 관한 규범적 이론을 포기한다는 결론을 도출해야 한다고 생각하지 않는다. 다시 말해 순수법학은 일정한 자연적 행위에 기초하면서 이 자연적 행위에 비로소 법의 의미를 부여하는 정신적 내용을 인식적으로 섬세하게 분석하고 체계적으로 처리하는 이론적 작업을 포기해야 한다고 생각하지 않는다. 그와 같은 이론이 가능하고 또한 필요하다는 점은 이미 수천 년을 이어온 법학이 존재한다는 사실 자체만으로도 입증된다. 법학은―법이 존재하는 한―도그마틱 법학으로서 법을 다루는 사람들의 지적 욕구를 충족시켜 왔다. 따라서 이러한 정당한 욕구를 충족시키지 않아야 할 어떠한 근거도 없으며, 법학을 포기해야 할 어떠한 근거도 없다. 법학을 법사회학으로 대체하는 것은 불가능하다. 왜냐하면 법사회학은 법학과는 완전히 다른 문제에 골몰하기 때문이다. 종교가 존재하는 한, 도그마틱 신학이 존재하고, 이러한 신학을 종교심리학이나 종교사회학으로 대체할 수는 없다. 이와 마찬가지로 법이 존재하는 한, 규범적 법이론은 존재할 것이다. 법학이 전체 학문체계에서 어떠한 위상을 갖고 있는지는 썩 중요하지 않은 별개의 물음일 뿐이다. 따라서 참으로 긴박한 문제는 당위 또는 규범이라는 개념범주를 사용하는 법학을 폐기하는 것이 아니라, 법학의 대상을 한정하고 법학의 방법을 비판적으로 구명하는 것이다.

## 17. 법의 존재와 법의 당위

법을―자연적 현실과는 달리―이데올로기로 파악하면서도, 법에 대한 순수한, 다시 말해 이데올로기로부터 해방된 이론을 요구할 수 있다는 것은 얼핏 보기와는 달리 결코 모순이 아니다. 왜냐하면 이 데올로기라는 단어가 갖는 다양한 의미 ─ 때로는 자연에 대립되는 정신이 이데올로기라고 주장하는가 하면, 때로는 현실을 은폐하거나 미화하고 또는 현실을 왜곡하는 사고를 이데올로기라고도 한다 ─ 와 는 별개로 상이한 이데올로기들이 서로 겹치는 경우가 자주 있고 이 데올로기의 영역 내에서도 다수의 층위를 구별할 수도 있으며, 따라 서 이데올로기와 실재 사이의 대립이 상대화된다는 점에 주목해야 하 기 때문이다. 실정법을 사실상의 사건의 실재와는 구별되는 규범적 질서로 파악하고, 사실상의 사건이 실정법에 부합해야 한다(사실상의 사건이 언제나 실정법에 부합하는 것은 아님에도 불구하고)고 주장하는 것 이 곧 법이라고 파악한다면 법은 '이데올로기'의 속성을 갖고 있다고 볼 수 있다. 이에 반해 예컨대 자연법, 정의이념과 같이 실정법이 부합 해야 한다고 주장하는 '상위의' 질서와 비교해서 실정법을 고찰하면, 실정법은 '현실적인', 즉 존재하는 법으로 여겨지고, 자연법이나 정의 가 이데올로기가 된다. 순수법학은 실정법의 서술을 여하한 종류의 자연법적 정의 이데올로기로부터 엄격히 분리하려고 노력한다는 점 에서 반-이데올로기적 경향을 고수한다. 실정법보다 더 상위에 있는 질서가 효력을 가질 가능성은 순수법학에게는 전혀 논의의 대상이 되 지 못한다. 순수법학은 실정법에 국한되고, 이를 통해 법학이 상위의 질서를 위해 실정법을 이용하거나 상위의 질서로부터 실정법의 정당 성을 끌어들이는 것을 저지한다. 또한 어떤 식으로든 전제하게 되는 정의이념과 실정법 사이의 불일치를 실정법의 효력에 반대하기 위한 법학적 논거로 남용하는 것을 저지한다. 이 점에서 순수법학은 법실 증주의 이론이다.

# IV
## 법이론의 이원주의와 이원주의의 극복

Der Dualismus der Rechtslehre
und seine Überwindung

# IV
# 법이론의 이원주의와 이원주의의 극복


## 18. 객관적 법과 주관적 법의 이원주의의 자연법적 기원

19세기의 실증주의 법학으로부터 발전된 일반법학Allgemeine Rechtslehre 은 전체 체계를 지배하고, 체계의 모든 문제를 양쪽으로 분할하는 이원주의Dualismus를 특징으로 한다. 이원주의는 자연법론의 유산이고, 일반법학은 자연법론을 대체했다. 자연법적 이원주의는 — 앞에서 밝혔듯이 — 국가의 실정법질서를 초월하는 신적, 이성적 또는 자연적 법질서와 같이 실정법보다 더 상위에 있는 법질서가 존재한다고 전제하며, 적어도 17세기와 18세기에 자연법론을 주장하던 고전적 학자들에게 이러한 상위의 법질서가 갖는 기능은 — 이 점은 반복해서 강조되어야 한다 — 원칙적으로 기존의 법질서를 유지하고 이를 정당화하는 것이었다. 물론 19세기의 실증주의 역시 — 앞에서 이미 강조한 대로 — 초실정적 가치를 통해 법을 정당화하는 것을 완전히 포기하지는 않았다. 하지만 19세기의 실증주의는 간접적으로, 즉 실증주의가 사용한 개념들의 수면 아래에서 은밀히 그러한 정당화를 시도했다. 그 때문에 실정법의 정당화를 수행한 것은 실정법과는 구별되는 상위의 법이 아니라, 법개념 자체였다. 그러나 내가 여기서 논의하고자 하는 이원주의는 실증주의에 내재해 있는 묵시적인 이원주의가 아니라, 체계 전체에 걸쳐 있는 명시적인 이원주의이다. 이러한 이원주의는 객관적 법과 주관적 법(권리)의 구별, 공법과 사법의 구별 및 국가와 법의 대립을 포함한 수많은 대립을 표방하면서 등장한다. 그리고 극히 다양한 형태와 다양한 표현을 통해 등장하는 이러한 이원주의의 기능은 실정법 질서를 정당화하는 데 그치지 않고, 실정법 질서의 내용적 형성에 일정한 한계까지 설정하려는 데 있다. 국가와 법의 대립이 특히 실정법 질서의 정당화를 위한 것이라면, 객관적 법과 주관적 법의 구별은 의문의 여지없이 실정법 질서에 한계를 설정하기 위한 것이다. 이에 반해 공법과 사법의 대립은 극도로 다의적이어서 이 대립의 이데올로기적 기능을 통일적으로 규정하기 어렵다.

## 19. 주관적 법(권리)의 개념

일반법학은 이 이론의 대상인 법이 객관적 의미뿐만 아니라, 주관적 의미로도 존재한다고 주장한다. 이렇게 함으로써 일반법학은 이 이론체계의 토대 — 즉 객관적 법과 주관적 법의 이원주의 — 에서 이미 근원적인 모순을 포함하게 된다. 왜냐하면 일반법학은 결과적으로 법이 객관적 규범, 규범들의 복합, 즉 질서라고 주장함과 동시에 법이 — 주관적 법으로서 — 객관적 법과는 완전히 다른 — 이 점에서 공통의 상위개념에 결코 포섭시킬 수 없는 — 것인 이익 또는 의지라고 주장하기 때문이다. 이러한 모순은 객관적 법과 주관적 법 사이의 관계를 주장한다거나 주관적 법을 객관적 법에 의해 보호되는 이익 또는 객관적 법에 의해 승인되거나 보장되는 의지로 규정한다고 해서 제거될 수는 없다. 객관적 법과 주관적 법의 이원주의는 그 근원적 의도에 따르면 주관적 법인 권리가 객관적 법보다 논리적으로나 시간적으로 우선한다는 생각을 표현한다. 그 때문에 다음과 같은 사고가 지배한다. 즉 무엇보다 주관적 법의 원형에 해당하는 소유권과 같은 권리가 먼저(특히 원시취득을 거쳐) 성립하고, 그 이후에야 비로소 국가질서로서의 객관적 법이 이 객관적 법과는 관계없이 이미 성립하고 있는 주관적 법을 보호, 승인, 보장한다는 것이다. 이러한 사고는 19세기의 법실증주의를 창시했을 뿐만 아니라, 일반법학의 개념구성에 결정적인 영향을 미친 역사법학의 주창자들에게서 가장 뚜렷하게 등장한다. 예를 들어 데른부르크Dernburg는 다음과 같이 말한다. "주관적 의미의 법은 역사적으로 볼 때, 국가질서가 형성되기 훨씬 이전부터 존재했다. 주관적 법은 개인의 인격에 기초하며 개인은 자기 자신 및 자신의 재화에 대한 존중을 먼저 획득하고, 그 이후에 타인에게도 이를 존중하도록 강요할 수 있게 되었다는 사실에 기초한다. 추상화를 통해 비로소 이미 존재하고 있는 주관적 법에 대한 관념으로부터 법질서라는 개념을 점차적으로 형성하게 되었음에 틀림없다. 따라서 주관적 의미의 법이 객관적 의미의 법으로부터 흘러나왔다는 주장은 비역사적이고 부당한 견해이다."

## 20. 권리주체 또는 인격이라는 개념

권리주체Rechtssubjekt라는 개념 또는 주관적 법의 담당자인 '인격Person'이라는 개념은 주관적 법이라는 개념과 극도로 밀접한 관련을 맺고 있고, 사실상 주관적 법이라는 개념의 다른 표현이다. 물론 권리주체 또는 인격이라는 개념 역시 기본적으로 소유권을 염두에 두고 있다. 이 개념들에서도 법질서와는 무관하게 존재하는 법제도Rechtswesen라는 생각이 결정적인 의미를 갖는다. 다시 말해 개인 또는 일정한 집단에게 주관적 법으로서의 권리가 이미 주어져 있고, 그에 따라 권리주체로서의 성격을 갖고 있기 때문에, 법이 '법'으로서의 성격을 상실하지 않고자 한다면 법은 이러한 권리주체를 승인하지 않을 수 없으며 또한 반드시 승인해야만 한다는 것이다. 그러나 (객관적 의미의) 법과 권리주체성이 동시에 존재한다고 주장하는 이론은 법과 권리주체성 사이의 대립관계에 비추어 볼 때 논리적 모순이다. 그러한 대립관계는 다음과 같은 점에서 가장 뚜렷하게 드러난다. 즉 타율적 규범으로서의 객관적 법의 의미는 구속, 다시 말해 강제인 반면, 법적 인격의 본질은 바로 모든 구속의 부정, 다시 말해 자기결정 또는 자율을 의미하는 자유이다. 그런데도 푸흐타Puchta는 다음과 같이 말한다. "법의 기초개념은 자유 … 즉 자유라는 추상적 개념이다. 자유는 무엇인가를 스스로 결정할 수 있는 가능성이다 … 인간은 스스로 결정할 가능성을 갖고 있기 때문에, 즉 의지를 갖고 있기 때문에 권리의 주체이다."

## 21. '주관적 법' 개념과 '권리주체' 개념이 갖는 이데올로기적 의미

법적 인격Rechtspersönlichkeit이라는 개념을 이와 같이 규정하는 것은 명백히 허구적이다. 왜냐하면 이른바 사법Privatrecht의 영역에서 법률행위로서의 계약이라는 법생성적 사실에 비추어 볼 때, 개인의 자기

결정이 작용한다고 말하지만, 이때의 자율은 매우 제한적 의미를 갖고 있으며, 본래적 의미의 자율이 아니기 때문이다. 즉 한 당사자의 권리는 상대방의 의무를 전제할 때만 존재하게 되고, 이 법적 관계는 객관적 법질서에 따라 두 개인의 의사표시가 합치할 때만 성립하게 된다. 그렇다면 어느 누구도 혼자서 자기 자신에게 권리를 인정할 수는 없는 노릇이다. 더욱이 계약이 객관적 법을 통해 법을 생성하는 사실로 인정될 때만 그와 같은 법적 관계가 성립하게 된다. 따라서 계약관계에 대한 법적 규정은 궁극적으로 객관적 법에서 출발하는 것이지, 결코 객관적 법의 지배하에 있는 권리주체들로부터 출발하는 것이 아니다. 그러므로 사법에서도 완벽한 의미의 자율이란 있을 수 없다.

주관적 법과 권리주체에 대해 이처럼 그 자체 모순으로 가득 찬 개념규정을 시도하는 것이 어떠한 이데올로기적 기능을 갖고 있는지는 쉽게 간과할 수 있다. 즉 이 개념규정은 사소유권이라는 주관적 법이 객관적 법을 초월하는 개념범주이고, 법질서의 내용을 형성할 때 결코 뛰어넘을 수 없는 한계가 되는 제도라는 사고를 유지하기 위한 것이다. 객관적 법과 구별되고 또한 객관적 법과는 관계없는 주관적 법이라는 개념은 사소유권을 보장하는 법질서가 가변적이고 또한 실제로 지속적인 변화를 겪는 질서이자 인간의 자의Willkür에 의해 만들어진 질서일 뿐, 이성이나 자연에 기초한 질서가 아니라는 것을 인식하게 된 이후에는 더욱더 중요한 의미를 갖게 되었다. 특히 이러한 질서의 생성이 민주적 절차를 통해 이루어지게 되면, 주관적 법이라는 개념은 질서가 침해할 수 없는 한계로서 중요한 의미를 갖게 된다. 객관적 법과 구별되고 객관적 법과 관계없이 존재하지만, 그럼에도 객관적 법과 똑같이, 아니 어쩌면 객관적 법보다 더욱더 '법'에 해당하는 주관적 법이라는 사고는 사소유권이라는 제도가 법질서에 의해 폐기되는 것을 방지하기 위한 것이라고 한다. 그렇다면 주관적 법이라는 이데올로기가 왜 개인적 자유와 인격적 자율이라는 윤리적 가치에 연결되는지를 어렵지 않게 이해할 수 있다. 이러한 자유에는 언제나 소유권이 함께 포함되어 있기 때문이다. 그리하여 인간을 이러한 의미(즉 소유권의 주체)의 자유로운 인격으로 승인하지 않는 질서, 다시 말해 주관적 법을 보장하지 않는 질서는 결코 법질서로 볼 수 없다는 것이다.

## 22. 법적 관계의 개념

법과 사회의 관계, 특히 법과 경제의 관계를 형식과 내용의 관계로 파악하면서 법적 관계Rechtsverhältnis를 사회적 소재 내부에 자리 잡고 있는 관계, 즉 생활관계로 해석하고, 객관적 법은 단지 생활관계에 대한 외적 규정일 뿐이라고 이해하는 것 역시 이러한 이데올로기와 같은 방향에 속한다. 특히 전통적 법학 가운데 생활관계에 초점을 맞춘다는 이유로 스스로를 '사회학적'이라고 여기는 이론적 방향은 실제로는 자연법적 경향을 따르고 있을 뿐이다. 또한 법적 관계를 주체들 사이의 관계인지 아니면 권리주체와 권리객체 사이의 관계(인격과 물건 사이의 관계)인지에 따라 인적 법적 관계와 물적 법적 관계로 구별하는 것 역시 객관적 법과 주관적 법의 이원주의와 같은 방향에 속한다. 물적 법적 관계, 즉 물권법적 관계의 가장 대표적인 사례는 당연히 소유권이고, 이 모든 구별은 사실상 소유권에 집중되어 있다. 소유권의 개념은 한 물건에 대한 한 인간의 배타적 지배로 규정되며, 바로 이를 통해 원칙적으로 인적 법적 관계에 의해서만 성립하는 청구권과는 엄격히 구별된다. 민법의 체계에서 중요한 의미를 갖는 이 구별(소유권/청구권) 역시 명백히 이데올로기적 성격을 갖는다. 이 구별에 대해서는 물건에 대한 인격의 법적 지배는 한 권리주체가 다른 권리주체들과 맺고 있는 특정한 법적 관계일 뿐이라는 반론, 즉 다른 권리주체들은 물건에 대한 소유권자의 처분가능성을 침해해서는 안 된다는 의무를 부담하고, 그에 따라 다른 모든 사람을 물건의 향유에서 배제할 수 있는 소유권자의 가능성일 따름이라는 반론이 지속적으로 제기되고 있다. 그럼에도 소유권과 청구권의 구별은 계속 유지되고 있다. 그 이유는 분명 다음과 같은 점에 있다. 즉 소유권을 인격과 물건의 관계로 규정하면 소유권이 갖고 있는 결정적인 사회경제적 기능을 은폐하기 때문이다. 사회주의 이론은 소유권의 사회경제적 기능을 '착취'로 규정한다(이 이론이 타당한지 여부는 논의하지 않겠다). 이에 반해 소유권과 청구권을 구별하면, 소유권자 이외의 다른 모든 주체들은 소유권자의 물건에 대한 이용으로부터 배제되고, 객관적 법을 통해 소유권자의 배타적 처분권을 존중해야 할 의무를 부담한다는 점에서 소유권자와 다른 권리주체 사이의 관계를 확정하는 기능을 하게 된다. 그 때문에 전통적인 법학은 주관적 법(이는 다른 모든 사람을 배제하는, 한 사람의 권한이다)을 단지 다른 주체들의 법의무에 따른 반사작용으로 파악하는 견해에 대해 단호하고 격렬하게 저항한다. 그리하여 전통적 법학의 주창자들은 권한이 갖는 우선적 성격을 끊임없이 강조하고, 권한을 주관적 의미의 법, 즉 권리와 동일시한다.

# 23. 법의무의 개념

주관적 법의 두 번째 형식에 해당하는 법의무Rechtspflicht는 놀랍게도 일반법학에서는 서자 취급을 받고 있다. 심지어 의무는 결코 법개념이 아니라, 단지 도덕적 개념일 뿐이며, 법에서는 권리만이 존재할 뿐, 법의무는 존재하지 않는다고 주장하는 경우도 있다. 그러나 법질서와 같은 강제질서의 본질적인 기능은 명백히 법질서에 복종하는 개인들에 대한 규범적 구속이다. 그리고 이러한 규범적 구속을 '의무'라는 단어 이외의 다른 단어로는 표현할 수 없다. 왜냐하면 도덕적 의무 역시 개인이 도덕질서의 효력을 통해 경험하는 구속을 표현하기 때문이다. 물론 사적 소유의 절대성을 보장하기 위한 주관적 법이라는 개념이 행하는 역할을 감안하면 실제로 이 개념을 법의무에까지 확장하는 것은 별 의미가 없다. 왜냐하면 법의무라는 개념을 '주관적 법'과 동등하거나 심지어 이보다 더 우선하는 요인으로 파악하고, 이로써 권리와 법의무를 대비시킨다면 이데올로기적 이론이 의도하는 주관적 법의 기능을 전혀 수행할 수 없을 것이기 때문이다.

# 24. 모든 주관적 법(권리)은 객관적 법에 기초한다.

## a) 법의무로서의 법규범

바로 이 지점에서 순수법학은 법의무라는 개념을 명확하게 전면에 내세움으로써 지배적인 학설을 비판한다. 또한 이 지점에서 순수법학은 19세기의 실증주의 이론에 이미 배태되어 있었지만, 상대적으로

소박한 이론적 접근방법을 거친 나머지 제대로 발전하지 못한 기본적 사고를 일관되게 관철해서 그에 따른 결론을 도출하고자 한다. 즉 순수법학은 특정한 개인의 구체적 행동이 법규범에 의해 정립된다는 점에서 법규범은 개인의 구체적 행동과 일정한 관계를 맺으며, 바로 이러한 법규범을 법의무로 파악한다. 또한 순수법학은 법의무의 개념을 도덕의무의 개념으로부터 완전히 해방시킨다. 순수법학은 법의무를 다음과 같이 해석한다. 즉 한 사람이 특정한 행동에 반대되는 행동을 할 경우, 이 행동이 법규범에 불법 결과로서의 강제행위의 조건으로 규정되어 있다면, 그 사람은 법적으로 이 특정한 행동을 해야 할 의무가 있다. 이와는 달리 강제행위가 불법 결과의 조건이 되고 이 점에서 의무의 내용을 구성하는 행동을 한 사람 이외의 다른 사람에게 부여되는 경우에는 책임Haftung이라고 말할 수 있다. 따라서 의무와 책임은 차이가 있다. 책임은 특수한 종류의 의무인 셈이다. 그렇기 때문에 법의무는 객관적 법이 갖고 있는 유일한 본질적 기능이다. 모든 법명제는 필연적으로 법의무를 정립해야 하고, 이에 반해 법적 권한(권리)은 정립할 수도 있고 정립하지 않을 수도 있다.

## b) 권한으로서의 법규범

권한Berechtigung은 불법 결과의 조건이 충족된 상황에서 불법에 해당하는 사실로 인해 자신의 이익을 침해당한 사람이 소訴 또는 이의제기의 형태로 불법 결과를 지향하는 의사표시를 제기하고, 이러한 의사표시가 수용되는 경우에 존재하게 된다. 그러므로 오로지 침해를 당한 사람과의 관계에서만 법규범이 권한으로 개별화하게 된다. 즉 법규범이 침해를 당한 사람에게 자신의 이익을 관철할 수 있는 가능성을 부여함으로써 비로소 권한은―법의무와는 구별되는 의미에서―주관적 법이 된다. 그렇기 때문에 주관적 법은 법질서가 부여한 권한으로서 객관적 법과 무관한 것이 아니다. 왜냐하면 객관적 법이 주관적 법을 규범화하는 범위 내에서만 그리고 규범화하기 때문에 비로소 주관적 법이 존재하게 되기 때문이다. 이 점에서 권한은 단지 객관적 법이 그러한 내용을 형성할 수 있는 가능성일 뿐, 반드시 형성해야 할 필연성에 해당하지 않는다. 다시 말해 객관적 법이 이용할 수 있는 특수한 기술일 뿐, 반드시 이용해야 하는 기술이 아니다. 예컨대 자본주의 법질서는 사소유권이라는 제도의 토대 위에서 건설되었고, 따라서 개인의 이익을 특별하게 고려한다는 점에서 권한은 자본주의 법질서가 이용하는 특수한 기술이다. 그러나 이 기술이 자본주의 법질서의 모든 부분을 지배하는 것은 아니며, 단지 이른바 사법의 영역과 행정법의 일부 영역에서만 완벽하게 발전되어 있을 따름이다. 근대 형법은 이미 이러한 기술을 극복했다. 즉 형법에서는 자신의 이익을 침해당한 피해자 대신 국가기관이 공소제기자로서 불법 결과가 실현되어야 할 절차를 직권으로 개시할 수 있도록 한다.

흔히 주관적 의미의 법(권리)이라고 부르는 것의 본질에 대한 순수법학의 이러한 통찰을 통해 주관적 법과 객관적 법의 이원주의는 폐기된다. 주관적 법은 객관적 법과 구별되는 다른 법이 아니라, 객관적 법 자체이다. 다만 객관적 법이 규정하고 있는 불법 결과를 통해 구체적 주체를 지향하는지(의무) 아니면 구체적 주체로 하여금 객관적 법을 이용할 수 있게 하는지(권한)에 따라 성격을 달리할 뿐, 양자 모두 객관적 법이라는 점에서는 차이가 없다. 이와 같이 주관적 법이 객관적 법에 기초하고, 객관적 법으로 축소된다면, 주관적 법을 이데올로기적으로 남용할 가능성은 배제된다. 무엇보다 법의 개념은 더 이상 법질서에 대한 특수한 기술적 형성에 한정시켜 규정되지 않는다. 이로써 자본주의적 법형성이 역사적 조건에 따른 것이라는 점도 법개념 자체에서 고려하게 된다.

### c) 법생성에 대한 참여로서의 권한

불법 결과에 지향된, 이해 당사자의 의사표시(소 또는 이의제기)를 법관의 판결(판결은 불법에 해당하는 구체적 사실을 구체적인 불법 결과에 연결시킨다)이라는 개별적 규범이 생성되는 절차에 수용한다는 점을 사법의 특징이라 할 수 있는 (권한이라는 의미에서의) 주관적 법의 본질로 인식하게 되면, 주관적 법을 인정한다는 것은 곧 법생성에 대한 참여를 보장하는 것을 뜻한다.

사법적privatrechtlich 권한처럼 불법 결과에 지향된 의사표시를 통해 관철되지는 않지만, '주관적 법'으로 지칭되는 다른 사실들도 이러한 관점에 기초해서 파악할 수 있다. 특히 이른바 '정치적' 권리들이 여기에 속한다. 정치적 권리는 흔히 국가의지의 형성에 영향을 미칠 수 있는 권한으로 규정된다. 다시 말해 '국가의지'가 표현되고 있는 법질서의 생성에 직접 또는 간접적으로 참여할 수 있는 권한이라고 한다. 그러나 이 경우 — 특히 '국가의지'로 인격화된 법질서를 대상으로 하는 경우에는 거의 대부분 — 이 질서를 형성하는 법규범들의 일반적 발현형태인 법률만을 고려의 대상으로 삼는다. 규범에 복종하는 사람들이 입법에 참여하는 것은 국가의지의 형성에 신민이 참여하는 것을 완전히 배제하는 권위주의 국가형태와 구별되는 민주주의 국가형태의 특징이다. 민주적 입법은 '국민', 즉 규범복종자들에 의해 직접적으로 이루어질 수 있다. 입법을 행하는 국민회의에 참여하고, 여기에서 함께 토론하고 함께 결정하는 개인의 주관적 법은 이 경우에 해당한다(이른바 직접민주주의). 또는 입법권이 간접적으로만 국민에게 귀속될 수도 있다. 즉 국민에 의해 선출된 의회가 입법권을 행사할 수 있다. 이 경우 국가의지의 형성 과정 — 이는 일반적 법생성이다 — 은 의회의 선출 및 선출된 의원들에 의한 법률의 의결이라는 두 단계로 분리된다. 따라서 이 경우에는 — 대규모 또는 소규모인 — 선거인의 주관적 법에 해당하는 이른바 선거권과 상대적으로 소수인 의원들의 주관적 법(의회에서 함께 토론하고 함께 결정할 수 있는 의회구성원으로서의 권리)이 존재하게 된다. 이것이 정치적 권리의 내용이다. 정치적 권리는 권한을 가진 사람에게 국가의지의 형성에 대한 참여를 보장한다는 특징을 갖는다. 그렇다면 주관적 사권 역시 정치적 권리이다. 왜냐하면 주관적 사권도 권한을 가진 자에게 국가의지의 형성에 참여하도록 허용하기 때문이다. 국가의지는 법률이라는 일반적 규범 못지않게 법관의 판결이라는 개별적 규범에서도 표현된다. 그리고 주관적 사권이 정치적 권리와 함께 권한이라는 하나의 상위개념으로 집약될 수 있다면, 그 이유는 오로지 두 권리 모두 동일한 법적 기능을 표현하고 있기 때문이다. 즉 규범복종자가 법생성에 참여한다는 의미의 법생성 기능이 표현되어 있기 때문이다. 따라서 이른바 '정치적' 권한은 일반적 규범의 생성에 대한 참여를 보장하고, 사법적 권한은 개별적 규범의 생성에 대한 참여를 보장한다.

(권한이라는 의미의) 주관적 법을 법생성 기능의 특수한 형성으로 고

찰하면, 객관적 법과 주관적 법의 대립은 완전히 사라지고, 특히 권한이라는 이차적 성격에 비해 법의무라는 일차적 성격이 우선한다는 점이 분명하게 드러난다. 다시 말해 법의무는 모든 법규범이 예외 없이 갖고 있는 본래적 기능임에 반해, 권한은 — 사법적 권한으로서 — 자본주의 법질서의 제도로서만 등장하거나 — '정치적' 권한으로서 — 민주적 법질서의 제도로서만 등장할 뿐이다.

## 25. 인격 개념의 해체

이로써 권리주체 또는 인격이라는 개념도 단지 사고를 위한 인위적 도움, 즉 보조 개념에 불과하다는 것을 인식할 수 있는 길도 열리게 된다. 다시 말해 권리주체나 인격은 법학적 인식이 이론적으로 처리해야 할 소재를 쉽게 이해할 수 있도록 서술할 목적에서 그리고 법률언어를 인간에 유사하게 인격화(의인화)해서 표현해야 한다는 압박 하에서 만들어 낸 보조 개념일 뿐이다. '인격'은 다수의 법의무와 다수의 권한을 하나로 묶어 인격화한 통일성의 표현일 뿐이다. 다시 말해 인격은 규범들의 복합체를 표현하는 통일성일 뿐이다. 이러한 통찰은 인식의 대상으로서의 법을 이중화해서 혼란을 불러일으키는 실체화 Hypostasierung를 차단하는 역할을 한다.

### a) '물리적' 인격

이제 비로소 물리적 인격과 법적 인격을 본질적으로 동일한 것으로 파악해야 한다는 실증주의 법이론의 요청을 남김없이 충족할 수 있게 되었다. '물리적 인격(자연인)'이란 — 전통적인 학설이 주장하는 것처럼 — 인간이 아니다. 물리적 인격은 법학적 개념이 아니라, 생물학적-심리학적 개념이다. 이 개념은 법 또는 법인식에 주어져 있는 통일성을 표현하지 않는다. 왜냐하면 법은 인간의 총체성을 포착하지 않으며, 인간의 모든 정신적, 육체적 기능을 포착하지도 않는다. 법은 단지 — 의무 또는 권한으로서 — 매우 특정한 인간의 행위만을 규정할 뿐이다. 다시 말해 인간 전체가 법질서를 통해 구성된 공동체에 속하게 되는 것이 아니라, 오로지 인간의 개별적 행위 또는 부작위만이 이 공동체에 속하며, 더욱이 그러한 행위 또는 부작위가 공동체질서의 규범을 통해 규율되는 한에서만 공동체에 속한다. 바로 그렇기 때문에 한 인간이 동시에 다수의 서로 다른 법 공동체에 속하는 것이 가능하고, 인간의 행동이 서로 다른 법질서를 통해 규율될 수 있는 것이다. 이와 같이 인간에 대한 자연과학적 개념은 인격이라는 법학적 개념과 구별되어야 하지만, 그렇다고 해서 '인격'이 특수한 종류의 인간이라는 뜻은 아니다. 즉 양자는 완전히 다른 통일성(단위)을 서술할 따름이다. 인격 또는 법주체라는 법학적 개념은 단지 다수의 의무와 권리들의 통일성, 즉 이러한 의무와 권리를 규정하고 있는 다수의 규범들의 통일성을 표현할 뿐이다. 개별적 인간에 상응하는 '물리적' 인격은 인격화Personifikation, 즉 한 인간의 행동을 규율하는 규범들의 인격화된 통일성의 표현이다. 물리적 인격은 이 모든 의무와 권리의 '담당자'이다. 이는 곧 물리적 인격이 — 대상을 이중화하는 이러한 사고로부터 실체적 성격을 완전히 탈색시킨다면 — 의무와 권리를 통해 규범적 규율의 대상이 되는 사실로서의 인간 행동을 위한 공통의 귀속지점이라는 것을 뜻한다. 다시 말해 물리적 인격은 의무와 권리를 규정하는 규범들로 구성된 부분질서의 중심이자 한 인간의 행동과 관련시켜 개별화가 이루어지는 부분질서의 중심인 셈이다. 이 점에서 인간은 자연적 실재인 반면, 물리적 인격은 법학적 인식을 보조하는 사고로서, 얼마든지 포기할 수 있는 개념이다. 즉 이 개념이 법에 대한 서술을 용이하게 만들어주긴 하지만, 그러한 서술을 위해 반드시 필요한 것은 아니다. 법에 대한 서술은 언제나—의무 또는 권리로서—인간 행동을 규율하는 규범을 이용해야 한다. 인간이 법적 인격이라거나 법적 인격을 갖고 있다는 것은 궁극적으로는 인간의 일정한 행위 또는 부작위가 이런 저런 방식으로 법규범의 내용을 형성한다는 것을 말할 따름이다. 그러므로 인간과 인격 사이의 구별을 엄격히 유지해야 한다는 점에 비추어 볼 때, 법이 인격에게 의무를 부과하고 권한을 부여한다고 말하는 것은 옳지 않다. 의무가 부과되고 권한이 부여되는 것은 인간이다. 그리고 법규범의 내용, 즉 의무와 권리를 형성하는 것은 인간의 행동이다. 인간의 행동은 바로 개별 인간의 행동 이외의 다른 것일 수 없다.

## b) '법적' 인격

물리적 인격과 마찬가지로 법적 인격(법인)도 규범 복합체를 통일적으로 표현하는 것일 따름이다. 다시 말해 다수의 인간들의 행동을 규율하는 법질서를 통일적으로 표현한 것이다. 법적 인격은 예컨대 단체의 정관과 같이 단체의 법적 인격이라는 부분공동체를 구성하는 부분질서를 인격화한 것이거나 모든 부분공동체를 포괄하는 하나의 법 공동체를 구성하고 통상 국가라는 인격으로 서술되는 총체적인 법질서를 인격화한 것이다. 따라서 법적 인격은 물리적 인격과 마찬가지로 자연적-실재적 존재가 아니다. 이러한 자연적 의미에서 '실재'하는 것은 오로지 인간의 행동일 뿐이며, 다양한 관점에 따라 분류되는 규범에 의해 규율되는 것은 이러한 인간 행동이다. 그렇기 때문에 법적 인격이 개개의 인간과는 구별되지만, 기이하게도 감각적으로 지각할 수 없는 실재라거나 개개의 인간으로 형성된 초개인적 유기체라는 식의 가정은 법학적 보조 개념에 불과한 사유의 산물을 마치 실제로 존재하는 것처럼 실체화하는 조잡한 사고방식일 뿐이다. 물리적 인격이 곧 인간이 아니듯이 법적 인격은 초인Über-Mensch이 아니다. 법적 인격이 갖는 의무와 권리는 인간의 의무와 권리, 즉 인간의 행동을 규율하고, 인간의 행동을 의무와 권리로 규정하는 규범으로 해체되어야 한다. 개별 국가의 법질서가 법적 인격에게 의무를 부과하거나 권한을 부여한다는 것은 이 법질서가 한 인간의 행동을 의무 또는 권리로 만든다는 것을 의미한다. 물론 이때 구체적인 주체 자체를 규정하지는 않는다. 주체에 대한 규정은—국가 법질서의 위임에 기초해서—부분 법질서에 맡겨지며, 이 부분 법질서의 통일성이 법적 인격 속에 표현된다. 따라서 법질서가 부과 및 부여하는 의무와 권한은 간접적으로, 즉 부분 법질서를 통한 매개를 거쳐 개인의 의무와 권한이 된다.

## c) 개인의 직접적 또는 간접적 의무와 권한

전체 법질서와 부분 법질서 사이의 기능적 분할은 법규범의 내용, 즉 법의무와 법적 권한의 내용을 형성하는 인간 행동에서 인적(주관적) 요소와 물적(객관적) 요소를 구별할 수 있음으로 인해 가능하게 된다. 작위 또는 부작위의 주체와 작위 또는 부작위 그 자체, 다시 말해 '누가' 무엇인가를 행하거나 행하지 않는지와 '무엇을' 행하거나 행하지 않는지를 구별할 수 있다. 완전한 규범은 양자 모두를 규정한다. 하지만 하나의 규범 및 이 규범에 의해 주어진 의무 또는 권한이 두 가지 요소 가운데 어느 하나만을 포함하는 경우도 가능하다. 이 경우 규범은 불완전하며, 따라서 결여된 요소에 대한 규정을 포함하고 있는 다른 규범을 통해 보충할 필요가 있다. 법적 인격으로 하여금 특정한 행동을 하도록 의무를 부과하거나 특정한 행동을 할 수 있는 권한을 부여하는 규범은 직접적으로는 단지 객관적 요소, 즉 작위 또는 부작위만을 규정할 뿐, 규범이 규정하는 행동을 해야 할 개인이 누구인가라는 주관적 요소에 대한 규정은 다른 규범에게 위임한다. 그렇기 때문에 한 법적 인격이 의무를 부담하고 권한을 갖는다는 것은 개인이 의무와 권리의 주체가 아니라는 뜻이 아니라, 단지 개인이 간접적으로 의무와 권리의 주체가 된다는 것을 뜻할 뿐이다.

## d) 중심적 귀속

이에 따라 법적 인격의 의무와 권리는 언제나 개인의 의무와 권리일 뿐이다. 의무와 권리는 인간의 행동에 관련된 의무와 권리이기 때문이다. 다만 개인은 이러한 의무와 권리를 개인적 방식이 아니라, 집단적 방식으로 '갖게' 된다. 흔히 법적 인격의 재산이라고 부르는 것은 법적 인격을 구성하는 인간들의 재산이다. 하지만 이들이 법적 인격의 재산을 자신들의 개인적 재산처럼 처분할 수는 없으며, 오로지 법적 인격을 통해 통일성으로 표현되고 있는 부분 법질서의 규정에 따라서만 처분할 수 있다. 법적 인격이 청구권을 갖고 있다면, 이는 구성원들의 집단적 청구권을 뜻한다. 청구권의 집단적 성격은 무엇보다 청구권의 주장이 각 개인을 통해서가 아니라, 부분 법질서가 규정하고 있는 기관을 통해 이루어진다는 점에서 분명하게 드러난다. 즉 인간이 법 공동체의 기관이 되는 것은 오로지 이 인간이 정립한 행위가 법 공동체를 구성하는 부분 법질서를 통해 규정되고, 이로써 이 부분 법질서의 통일성과 관련을 맺을 수 있기 때문에만 가능하다. 이처럼 하나의 사실이 질서의 통일성과 맺는 관계를 '귀속'이라고 부를 수도 있다. 그렇다면 '인격'은 '귀속'지점이다. 법적 인격의 모든 행위는 인간의 행위이지만, 이 행위가 가상의 주체, 즉 하나의 부분 법질서 또는 전체 법질서에 귀속된다. 그러나 이러한 ─ 중심적 ─ 귀속은 앞에서 언급했던 ─ 주변적 ─ 귀속과는 완전히 다른 작동이다. 주변적 귀속은 하나의 사실이 질서의 통일성이 아니라, 하나의 질서 내에서 다른 사실과 관련을 맺음으로써 이루어진다. 즉 법명제를 통해 두 개의 사실이 서로 관련을 맺는 경우가 주변적 귀속이다.

### e) 책임의 제한

법적 인격, 더 정확하게는 법적 인격의 기관으로 행위하는 인간이 법적 인격의 청구권, 즉 법적 인격을 통해 인격화된 공동체를 형성하는 인간들의 집단적 청구권을 관철한다면, 강제집행을 거쳐 수용된 재산가치는 이 부분 공동체를 형성하는 인간들의 집단적 재산에 속하게 된다. 이에 반해 법적 인격이 일정한 급부를 이행할 의무를 부담하고 있는 상황에서 이행을 하지 않아 강제집행이 이루어지게 되면, 강제집행은 구성원들의 개인적 재산이 아니라, 이들의 집단적 재산—이 역시 구성원들의 재산이다—에 대해 행해진다. 이와 같이 강제집행이 법적 인격으로 기능하는 공동체를 형성하는 개인들의 집단적 재산에 한정되는 이른바 책임의 제한Haftungsbeschränkung은 사법상의 법적 인격의 성격을 규정하는 특징이다. 이에 반해 공법상의 법적 인격에 대해서는 이러한 책임의 제한이 고려되지 않거나 우선적으로 고려되지 않는다. 특히 전체 법질서의 인격화로서 모든 부분 법질서를 포괄하고, 이 전체 법질서를 구성하고 있는 모든 물리적 및 법적 인격을 포괄하며, 그에 따라 중심적 귀속의 종착점이 되는 국가라는 법적 인격에 대해서는 책임의 제한은 적용되지 않는다.

### f) 개인과 공동체의 대립이 갖는 이데올로기적 의미

'인격'을 규범복합체의 인격화로 인식하고, 그에 따라 법에 의해 규정되는 의무와 권리, 즉 모든 '인격'의 의무와 권리 사이에 유기적이고 체계적인 통일성을 수립하는 객관적 법질서의—많든 적든 자의적으로 개별화된—일부분을 인격화하는 것으로 인식한다면—따라서 한 사람의 권리는 언제나 다른 사람의 의무이고, 의무와 권리는 서로 분리될 수 없다—, 개인과 사회의 대립과 모순이라는 오해도 해소될 수 있다. 개인이 공동체 전체이자 동시에 공동체의 부분이라고 주장하는 전통적 사회철학은 이러한 오해에 사로잡혀 있다. 객관적 질서 또는 객관적 질서를 통해 구성되는 공동체의 관점에서 보면 독립된 개인 자체가 존재하지 않는다. 개인 그 자체는 결코 사회질서에 지향된 인식을 통해 포착할 수 없다. 오로지 질서의 내용을 형성하는 개인의 행위, 즉 질서를 통해 규율되는 개인의 행위만이 고려의 대상이 되며, 개인에 대해 말로 표현할 수 있는 것은 오로지 그와 같은 측면뿐이다. 그러므로 이러한 고찰 방식에서 개인은 독립성을 갖지 않고, 단지 공동체의 구성부분으로서 존재할 따름이다. 독립된 총체성으로서의 개인이란 인격이라는 특수한 법학적 개념범주와 마찬가지로 자유의 이데올로기일 뿐이다. 또한 인격 개념과 마찬가지로 자유의 이데올로기 역시 공동체를 구성하는 사회질서가 특정한 이익과 합치할 수 없는 과도한 요구를 제기하는 것을 차단하기 위한 장벽이다. 개인이 공동체와 도저히 해소할 수 없는 갈등관계에 있다는 잘못된 주장은 단지 집단적 질서를 통한 제한에 대항해서 특정한 이익을 방어하려는 투쟁을 위한 이데올로기일 따름이다.

## 26. 순수법학의 보편주의적 성격

이와 같이 주관적 법이라는 개념과 권리주체라는 개념에서 모든 이데올로기적 기능을 제거해서 인격화라는 장막을 뚫고 실재하는 법적 관계에 도달하게 되면, 언제나 인간 사이의 법적 관계, 더 정확히는 법규범을 통해, 즉 법규범의 내용으로 서로 연결되는 인간의 행동이라는 사실들 사이의 관계들만이 등장하게 된다. 이 관계들이 곧 법적 관계이다. 법적 관계는 두 가지 사실들 사이의 관계이고, 이 두 가지 사실들 가운데 하나는 법의무로 규정되는 인간 행위이고, 다른 하나는 권한으로 규정되는 인간 행위이다. 순수법학은 이른바 주관적 법 및 권한, 법의무, 권리주체 등 주관적 법의 모든 발현형태들이 객관적 법과는 구별되는 별개의 본질에 해당한다는 사고방식을 해체하고 이들을 오로지 객관적 법의 특수한 형성 또는 객관적 법에 대한 인격화된 서술로 파악한다. 이를 통해 순수법학은 주관적 의미의 법개념을 이용해서 법에 대한 주관주의적 태도를 취하는 이론을 파기한다. 다시 말해 오로지 당사자의 이익이라는 관점에서만, 즉 법이 개인에게 무엇을 의미하고, 어떠한 점에서 개인의 이익에 기여하기 때문에 유용하다거나 또는 개인에게 해악이 될 위험이 있어서 손상이 되는가의 관점에서만 법을 파악해서 개인을 옹호하려는 견해를 순수법학은 철저히 파기한다. 그와 같은 견해는 기본적으로 법적 사건에 대답하는 변호사들의 소견서로부터 유래했던 로마법학의 특수한 입장에 해당하며, 이 입장은 로마법과 함께 계수되었다. 이에 반해 순수법학의 입장은 철저히 객관주의적이고 보편주의적이다. 순수법학은 원칙적으로 법 전체를 대상으로 하며, 각각의 개별적 현상을 오로지 다른 개별적 현상들과의 체계적 연관성 속에서만 파악하고, 따라서 법의 모든 부분을 법 전체의 기능에 비추어 파악하고자 노력한다. 이런 의미에서 순수법학은 참으로 유기적인 법이론이다. 하지만 순수법학이 법을 유기체로 파악한다고 말할 때, 이 유기체는 결코 어떤 초개인적이고, 경험을 초월하는 형이상학적인 생물학적 또는 심리학적 실체를 뜻하지 않는다. 그와 같은 의미의 유기체 사상은 배후에 대부분 윤리적-정치적 요구를 감추고 있다. 순수법학이 말하는 유기체는 오로지 법은 하나의 질서이며, 따라서 모든 법적 문제는 질서의 문제로 제기되고 질서의 문제로 해결되어야 한다는 것을 의미할 뿐이다. 이렇게 함으로써 법이론은 모든 윤리적-정치적 가치판단으로부터 해방된 상태에서 실정법에 대해 최대한 엄밀한 구조분석을 행하게 된다.

# V
## 법질서와 법질서의 단계구조

Die Rechtsordnung und ihr Stufenbau

# V
# 법질서와 법질서의 단계구조

## 27. 규범들의 체계로서의 질서

질서 또는 법질서로서의 법은 법규범들의 체계이다. 그리고 이와 관련해서 대답해야 할 첫 번째 물음을 순수법학은 다음과 같이 제기한다. 즉 "다수의 법규범들의 통일성의 근거가 되는 것은 무엇이고, 왜 특정한 법규범은 특정한 법질서에 속하는가?"

다수의 규범들은 이 규범들의 효력이 이 효력의 최종적 근거가 되는 단 하나의 규범으로 소급될 수 있다면 통일성과 체계 그리고 질서를 형성한다. 즉 그러한 근본규범Grundnorm은 법규범들의 공통의 원천으로서 하나의 질서를 형성하는 다수의 규범들에게 통일성을 창설한다. 그리고 하나의 규범이 특정한 질서에 속한다는 것은 이 규범의 효력이 ― 질서를 창설하는 ― 근본규범으로 소급될 수 있다는 사실에 의해서만 가능하다. 근본규범의 종류, 즉 최상위의 효력원칙의 본성에 따라 두 가지 서로 다른 종류의 질서(규범체계)를 구별할 수 있다. 어떤 종류의 규범들은 규범들이 갖고 있는 내용 때문에 '효력'을 갖는다(=규범이 제시하고 있는 인간 행동이 당위로 여겨져야 한다). 이 경우에는 규범들의 내용 자체가 명백한 성질을 갖고 있어서, 이 성질이 규범들의 내용에 효력을 부여한다. 규범들이 이러한 내용적 성질을 갖게 되는 것은 이 규범들이 하나의 근본규범으로 소급될 수 있기 때문이다. 즉 이 근본규범의 내용에 비추어 볼 때, 질서를 형성하고 있는 개별 규범들의 내용이 특수로서 보편에 포섭될 수 있다면, 그 규범들은 효력을 부여하는 내용적 성질을 갖게 된다. 도덕규범은 바로 이러한 종류의 규범이다. 예컨대 "거짓말을 해서는 안 된다", "다른 사람을 속여서는 안 된다", "약속을 지켜야 한다" 등의 규범은 정직Wahrhaftigkeit이라는 하나의 근본규범으로부터 도출된다. 또 다른 예를 들면, "다른 사람을 해쳐서는 안 된다", "곤궁에 처한 사람을 도와야 한다" 등의 규범은 "다른 사람을 사랑해야 한다"라는 근본규범으로 소급할 수 있다. 무엇이 하나의 특정한 도덕체계의 근본규범인지에 대해서는 여기서 더 이상 고찰하지 않겠다. 여기서 중요한 것은 하나의 도덕에 속하는 다수의 규범들이 마치 특수가 보편에 포함되어 있는 것과 마찬가지로 이 규범들의 근본규범에 이미 포함되어 있고, 따라서 모든 특수한 도덕규범들은 사유의 작동을 거쳐, 즉 보편으로부터 특수로의 추론을 거쳐 일반적인 근본규범으로부터 도출할 수 있다는 인식이다. 이 점에서 도덕규범들의 근본규범은 내용적이고 정태적statistisch인 성격을 갖는다.

## 28. 생성의 연관관계로서의 법질서

법의 규범들의 경우에는 사정이 다르다. 법규범들은 그 내용 때문에 효력을 갖는 것이 아니다. 어떠한 내용이든 법이 될 수 있으며, 어따한 인간 행동도 그 내용을 이유로 법규범이 되지 못하도록 배제해야 하는 경우는 있을 수 없다. 즉 법규범의 내용이 예컨대 도덕과 같이 이미 전제되어 있는 어떤 실질적 가치에 부합하지 않는다는 이유로 법규범의 효력을 부정할 수는 없다. 하나의 규범이 법규범이라면 오로지 이 법규범이 특정한 방식으로 성립했고 특정한 규칙에 따라 생성되었으며 특수한 방법에 따라 정립되었다는 사실을 통해서만 효력을 갖게 된다. 다시 말해 법은 오로지 실정법으로서만, 즉 정립된 법으로서만 효력을 갖는다. 따라서 법의 실정성이란 법이 정립되어야 한다는 필연성 및 정립된 법의 효력은 도덕과는 완전히 별개의 독립성을 갖는다는 점에 근거한다. 실정법과 이른바 자연법 사이의 본질적 차이도 바로 이 점에 있다. 자연법 규범은 도덕규범과 마찬가지로 하나의 근본규범으로부터 도출되고, 이 근본규범은 신의 의지, 자연 또는 순수이성으로부터의 유출Ausfluß로서 그 내용이 직접적으로 명백하다는 이유 때문에 효력을 갖는다. 이에 반해 실정법규범의 근본규범은 법질서를 형성하는 규범들이 생성되는 기준으로서의 기본규칙일 따름이다. 즉 실정법규범의 근본규범은 법생성Rechtserzeugung이라는 기초적 사실이 작용하도록 만드는 시발점이다. 따라서 이러한 근본규범은 하나의 절차의 출발점이다. 그 때문에 실정법규범의 근본규범은 철저히 형식적이고 동태적dynamisch인 성격을 갖는다. 이러한 근본규범으로부터 법체계의 개별 규범들이 논리적으로 도출되지는 않는다. 개별 규범들은 특수한 정립행위 ―이는 사유행위가 아니라, 의지행위이다― 를 통해 생성되어야 한다. 법규범의 정립은 다양한 형태로 이루어진다. 일반적 규범generelle Norm의 정립은 관습을 통해 이루어지거나 입법절차를 통해 이루어지고, 개별적 규범individuelle Norm의 정립은 판결행위나 법률행위Rechtsgeschäft를 통해 이루어진다. 관습을 통한 법생성은 다른 모든 종류의 법-정립Rechts-Setzung과는 뚜렷이 대비된다. 따라서 관습법은 법-정립의 특수한 경우이다.

하나의 법체계에 속하는 다수의 규범들을 하나의 근본규범에 소급시키는 것은 개별 규범의 생성이 근본규범에 따라 이루어진다는 것을 보여주면 된다. 예를 들어 한 사람이 다른 사람을 교도소에 감금해서 자유를 박탈하는 것과 같은 특정한 강제행위에 해당하는 사실이 왜 법적 행위이고, 그에 따라 특정한 법질서에 속하는지를 묻는다면 이 행위가 특정한 개별적 규범, 즉 법관의 판결을 통해 지시되었기 때문이라고 대답하게 된다. 다시 이 개별적 규범이 왜 효력을 갖고, 더욱이 특정한 법질서의 구성부분으로서 효력을 갖는지를 묻는다면 이 개별적 규범이 형법에 따라 정립되었기 때문이라고 답하게 된다. 다시 이 형법의 효력근거에 대해 묻게 되면, 헌법에 마주치게 된다. 즉 형법은 헌법의 규정에 따라 헌법이 권한을 부여한 기관을 통해 헌법에 규정된 절차를 준수해서 성립하게 되었다고 답하게 된다.

하지만 모든 법률과 법률에 근거해서 이루어진 법적 행위가 기초하고 있는 헌법의 효력근거를 묻게 되면, 아마도 현재의 헌법보다 더 오래된 헌법으로 거슬러 올라가고 마침내는 어떤 찬탈자나 어떤 계기로 구성된 협의체가 공포한 역사상 최초의 헌법에 마주치게 될 것이다. 역사상 최초의 헌법제정 기관의 의지로 표현되었던 것이 규범으로서 효력을 가져야 한다는 생각은 이 헌법에 기초한 법질서에 대한 모든 인식이 출발점으로 삼는 근본전제이다. 다시 말해 최초의 헌법제정자 또는 최초의 헌법제정자로부터 위임을 받은 기관이 규정한 방식에 따라 그리고 그러한 조건하에서 강제가 정립되어야 한다. 이상의 내용은 어떤 법질서(여기서 말하는 법질서는 개별 국가의 법질서이며, 일단은 국가 법질서만을 논의의 대상으로 삼는다)의 근본규범에 대한 도식적 설명이다.

## 29. 근본규범의 의미

순수법학은 이러한 근본규범을 하나의 가설적 토대로 이용한다. 즉 근본규범이 효력을 갖는다는 전제하에 이 근본규범에 기초한 법질서도 효력을 갖게 된다. 근본규범은 최초의 입법자의 행위 및 이 입법자의 행위에 기초하는 법질서의 다른 모든 행위에 대해 당위의 의미, 즉 법명제를 통해 법적 조건이 법적 결과와 연결되는 특수한 의미를 부여한다. 실정법과 관련된 모든 소재는 법명제로 서술될 수 있어야 한다는 점에서, 법명제는 실정법의 전형적 형식이다. 법질서를 구성하는 모든 사실들(구성요건/요건사실/법률효과)이 갖는 규범적 의미는 궁극적으로 근본규범에 기초한다. 오로지 근본규범이라는 전제하에서만 법적 해석에 제공되는 경험적 소재가 법, 즉 법규범들의 체계로 해석될 수 있다. 이러한 소재의 속성, 즉 법적 행위로 해석되어야 할 행위 역시 특정한 법질서의 토대가 되는 근본규범의 특수한 내용에 의존한다. 따라서 근본규범은 법적 소재를 실증주의적으로 파악하기 위해 필요한 필연적인 전제조건을 표현할 따름이다. 근본규범이 효력을 갖는 이유는 그것이 법적 절차를 통해 생성되었기 때문이 아니라, 다시 말해 실정법규범으로 정립되었기 때문이 아니라, ─ 모든 법제정, 즉 모든 실정법적 절차의 조건으로 ─ 전제되기 때문이다. 근본규범에 대한 이러한 서술을 통해 순수법학은 결코 법학에 관한 새로운 학문적 방법을 창설하려는 것이 아니다. 순수법학은 단지 모든 법률가들이 자신들의 인식 대상인 법을 파악하면서 실정법의 효력이 도출될 수 있는 상위의 자연법을 거부하긴 하지만, 그렇다고 해서 법적으로 효력을 갖는 질서로서의 실정법을 동기부여의 연관성이라는 단순한 사실로 이해하는 것이 아니라, 하나의 규범으로 이해할 때 — 대개는 무의식적으로 — 전제하고 있는 내용을 명시적으로 의식할 수 있도록 만들 뿐이다. 이 점에서 근본규범에 관한 이론을 통해 순수법학은 이미 오래 전부터 사용되고 있는 실정법 인식의 선험적-논리적 전제조건을 사실상으로 이루어지고 있는 절차에 대한 분석을 통해 명백하게 밝히고자 할 따름이다.

## 30. 개별 국가 법질서의 근본규범

### a) 근본규범의 내용

근본규범이 갖는 의미는 특히 하나의 법질서가 합법적인 방식으로 변경되는 것이 아니라, 혁명적인 방식으로 새로운 법질서에 의해 대체되는 경우에 분명하게 드러난다. 법질서의 존재가 부정될 때는 법 및 이 법을 통해 구성되는 공동체의 본성이 가장 뚜렷하게 밝혀진다. 예를 들어 기존의 군주주의 국가에서 어떤 집단이 폭력적인 전복을 통해 왕정을 종식시키고 군주정을 공화정으로 대체하려고 시도하는 경우가 있다. 이 시도가 성공하게 되면, 다시 말해 사람들의 사실상의 행동(즉 질서가 구속력을 요구하는 대상)이 더 이상 구질서가 아니라, — 대체적으로 — 새로운 질서에 부합함으로써 구질서가 종식되고 새로운 질서가 효력을 갖기 시작하면, 이 새로운 질서를 법질서로 사용하게 된다. 다시 말해 새로운 질서를 수행하면서 정립한 행위를 법적 행위로 해석하고 새로운 질서에 반하는 사실들은 불법으로 해석하게 된다. 이는 곧 새로운 근본규범을 전제한다는 뜻이다. 새로운 근본규범은 더 이상 군주가 아니라, 혁명정부에게 법제정의 권위를 위임한다. 만일 이 혁명정부가 제기한 새로운 질서가 실효성이 없어서 혁명정부의 시도가 실패하게 되면, 혁명정부가 정립한 행위는 헌법제정이 아니라, 반역죄, 즉 법제정이 아니라, 법위반으로 해석되며, 따라서 군주에게 법생성 권위를 위임한 근본규범을 전제로 효력을 갖는 구질서에 기초해서 해석이 이루어진다.

특정한 법질서의 토대가 되는 근본규범의 내용이 무엇에 의존하는가라는 물음을 제기한다면, 법적 판단의 궁극적 전제를 심사하는 분석은 다음과 같이 대답하게 된다. 즉 근본규범의 내용은 인간의 행동이 어느 정도 부합하는 질서가 생성된다는 사실에 의존한다. 여기서 '어느 정도'라는 표현은 완벽하게 부합하거나 예외 없이 부합해야 할 필요는 없다는 뜻이다. 심지어 규범적 질서와 이 질서에 귀속되는 사실상의 사건의 영역이 서로 불일치할 가능성이 얼마든지 있다. 왜냐하면 만일 그와 같은 가능성이 전혀 없다면 규범적 질서 자체가 아무런 의미를 갖지 않기 때문이다. 필연적으로 발생할 수밖에 없다고 가정할 수 있는 것을 지시하고 명령할 필요는 없다. 인간의 사실적 행동이 언제나 그리고 모든 상황에서 부합하는 사회질서를 설립해야 한다면, 이러한 질서의 근본규범은 ─ 가능한 모든 존재를 처음부터 정당화하면서 ─ "사실상으로 발생한 것은 발생해야 한다" 또는 "네가 의욕하는 것을 너는 행해야 한다"가 될 것이다. 그러나 그와 같은 질서는 질서와 관련을 맺는 모든 사건이 언제나 질서에 부합하지 않고, 질서에 완전히 모순되는 경우와 똑같이 아무런 의미도 없다. 그렇기 때문에 어떤 규범적 질서가 조금도 이 질서에 부합하지 않는 현실에 직면하고 있다면, 그 질서는 효력을 상실한다. 그러므로 특정한 인간들의 행동을 규율하는 법질서의 효력은 이 인간들의 실제 행동이 법질서에 부합한다는 사실 ─이를 흔히 실효성이라고 부른다─ 과 일정한 의존관계에 있다. 이 의존관계는─이 관계는 존재와 당위의 긴장이라고 표현할 수도 있다─ 상한선과 하한선을 통해 규정할 수 있을 따름이다. 행위와 질서가 부합할 가능성이 일정한 상한선을 넘어서도 안 되고, 일정한 하한선 아래로 내려가서도 안 된다.

## b) 법질서의 효력과 실효성(법과 권력)

이러한 의존관계에 대한 통찰은 법질서의 효력이 실효성, 즉 법질서와 관계를 맺는 인간 행동이 법질서에 어느 정도 부합한다는 사실과 동일한 것처럼 오해하게 만든다. 그러나 효력과 실효성을 동일시하려는 시도 ─이러한 시도는 이론의 상황을 극히 단순화할 수 있다는 점 때문에도 바람직한 것으로 권고되는 것 같다─ 는 필연적으로 실패할 수밖에 없다. 왜냐하면 법의 특수한 존재방식인 효력을 어떤 자연적 현실을 통해 주장하게 되면, 법이 현실에 지향되고, 이를 통해 법에 부합하거나 또는 부합하지 않는 현실 ─이는 현실이 법의 효력과 동일하지 않을 때만 가능하다─ 과 대비된다는 의미를 결코 파악할 수 없기 때문이다. 따라서 효력을 규정할 때 현실로부터 벗어나는 것이 불가능한 것과 마찬가지로 효력을 현실과 동일시하는 것도 불가능하다. 현실이라는 개념 ─즉 법질서의 실효성이라는 개념─ 을 권력이라는 개념으로 대체하면, 법질서의 효력과 실효성의 관계라는 문제는 — 이보다 훨씬 더 빈번하게 다루어지는 — 법과 권력의 관계라는 문제와 정확히 일치한다. 이 점에서 내가 여기서 시도하는 해결책은 권력이 없이는 법이 존재할 수 없지만, 법이 곧 권력과 동일한 것은 아니라는 오래된 진리를 학문적으로 엄밀하게 표현한 것일 따름이다. 즉 법은 — 여기서 내가 전개하고 있는 이론의 의미에서는 — 권력에 대한 특정한 질서(또는 조직)이다.

### c) 국제법과 개별 국가 법질서의 근본규범

그러나 법질서의 효력이 일정한 실효성, 더 정확하게는 법질서와 인간행동 사이의 일정한 상응 관계를 조건으로 삼는다는 원칙은 단지 하나의 실정법규범, 즉 개별 국가의 법질서의 내용만을 표현할 뿐, 국제법이라는 또 다른 법질서의 내용을 표현하지는 않는다. 국제법은 — 나중에 더 자세히 다루게 되겠지만 — 사실상으로 확립된 권력을 정당화하고, 이 권력을 통해 정립된 강제질서가 효율적으로 작용하는 범위 내에서 권한을 행사하도록 위임한다. 국제법의 원칙에 해당하는 이 효율성Effektivität 원칙은 다수의 개별 국가 법질서들의 근본규범으로 기능한다. 즉 역사상 최초의 입법자에 의해 제정된 헌법은 이 헌법이 실효성을 갖는다는 전제하에서만 효력을 갖는다. 다시 말해 이 헌법의 규정에 따라 전개되는 질서와 그에 상응하는 현실이 대체적으로im großen und ganzen 부합한다는 전제하에서만 효력을 갖는다. 혁명이나 쿠데타를 통해 권력을 장악하게 된 정부 역시 이 정부가 선포한 규범들이 지속적으로 복종을 이끌어낼 수 있을 때만 국제법적 의미에서 정당성을 갖는 정부로 간주되어야 한다. 이러한 사정은 곧 국제법적으로 직접적인 의미를 갖는 강제질서는 정당하고 구속력을 갖는 법질서로 간주된다는 뜻이다. 다시 말해 그러한 강제질서를 통해 구성되는 공동체는 이 질서가 지속적으로 실효성을 갖는 지역에서, 더 정확하게는 인간들의 행동이 대체적으로 이 질서에 부합하는 지역에서 국제법적 의미의 국가로 간주되어야 한다.

그러나 개별 국가의 법질서의 토대가 되는 규범을 실정법규범으로 인식 ─ 개별 국가 법질서들의 상위에 있고, 이들 법질서에 권한을 위임하는 질서를 국제법으로 파악하면 이러한 결론에 도달한다 ─ 하게 되면, ─ 내가 여기서 전개하고 있는 특수한 의미, 즉 정립된gesetzt 규범이 아니라, 전제된vorausgesetzt 규범이라는 의미의 ─ 근본규범은 더 이상 개별 국가 법질서의 토대가 아니라, 이 개별 법질서들의 토대가 되는 국제법의 토대가 되는 (전제된) 규범을 의미해야 한다. 즉 효율성이라는 국제법적 원칙은 단지 개별 국가 법질서들의 상대적 근본규범으로 여겨질 수 있을 뿐이다. 그렇기 때문에 국제법의 우위에서 출발하게 되면, 근본규범의 문제는 모든 개별 국가 법질서를 포괄하는 총체적 질서(국제법) 자체의 최종적 효력근거의 문제로 옮겨가게 된다. 이 문제에 관해서는 나중에 다시 서술하겠다.

## d) 개별 법규범의 효력과 실효성

법질서(법규범들의 완결된 체계)의 효력이 이 법질서의 실효성(법질서 전체의 내용과 관련을 맺고 있는 현실이 전반적으로 이 질서에 부합한다)에 의존한다는 점으로부터 곧바로 개별 법규범의 효력 역시 이 규범의 실효성에 의존한다는 결론이 도출되지는 않는다. 왜냐하면 법체계에 속하는 어떤 개별 법규범이 실효성을 갖지 않는다고 해서 곧장 법질서 전체가 효력을 상실하지는 않기 때문이다. 개별 법규범은 효력을 갖고 있는 전체 법질서의 규범생성 연관 속에 있는 한, 여전히 효력을 갖는다. 그렇기 때문에 개별 규범의 효력에 대한 물음은 모든 규범의 효력근거가 되는 최초의 헌법으로 소급시킴으로써 체계 내재적으로 대답할 수 있다. 만일 최초의 헌법이 효력을 갖는다면 헌법에 합치해 성립한 규범들은 효력을 갖는다고 간주해야 한다. 효율성이라는 국제법적 원칙은 개별 국가 법질서의 최초의 헌법과만 직접적인 관련을 맺고, 따라서 개별 국가 법질서 전체와만 관련을 맺을 뿐, 이 법질서에 속하는 개별 법규범들과는 관련이 없다. 이처럼 개별 법규범의 효력은 이 규범의 실효성에 의존하지 않는다는 사정 때문에도 효력과 실효성이라는 두 개념들을 명확하게 분리할 필요가 있다.

물론 국제법과 마찬가지로 개별 국가 법질서도 효율성의 원칙을 어느 정도의 범위 내에서는 실정법적 원칙으로 상승시켜, 개별 규범의 효력을 실효성에 의존하게 만들 수 있다. 예를 들어 (실질적 의미의) 헌법이 법의 제정 이외에 관습도 법원法源, Rechtsquelle으로 투입(또는 허용)하고, 이에 따라 제정된 법규범이 지속적으로 적용되지 않는 관습을 통해 폐기되는 경우가 여기에 해당한다. 그러나 이는 어디까지나 지금까지 효력을 갖고 있던 규범의 파기에 관련된 것이다. 이에 반해 새로 공포된 법률은 이 법률이 실효성을 갖기 전부터 이미 '효력'을 갖는다. 그리고 법의 파기desuetudo가 존재하지 않는 한, 법률을 적용하지 않는 것은 곧 불법에 해당한다. 따라서 이와 같은 상황에서도 효력과 실효성은 동일시될 수 없다.

# 31. 법질서의 단계구조

## a) 헌법

실정법에 대한 분석을 통해 근본규범의 기능을 분명하게 의식하게 되면 법의 고유한 특성까지도 분명하게 밝힐 수 있게 된다. 즉 법은 자기 자신의 생성을 규율한다. 특히 하나의 법규범은 다른 법규범이 생성되는 절차와 ― 정도의 차이가 있긴 하지만 ― 생성되어야 할 규범의 내용까지 규율하는 방식을 거치게 된다. 법이 갖고 있는 이러한 동태적dynamisch 성격으로 인해 하나의 법규범은 다른 법규범에 의해 규정된 방식으로 생성되었다는 이유 때문에 효력을 갖게 된다. 따라서 생성을 규정하고 있는 규범은 이 규범에 의해 생성된 규범의 효력근거가 된다. 다른 규범의 생성을 규정하는 규범과 이 규정에 따라 생성된 규범의 관계는 상하질서라는 공간적 형태로 묘사할 수 있다. 즉 생성을 규정하는 규범이 상위규범이고, 이 규정에 따라 생성된 규범은 하위규범이다. 그러므로 법질서는 병렬적으로 존재하는 동급의 규범들의 체계가 아니라, 다양한 등급의 법규범들로 구성된 단계질서이다. 법규범들의 통일성은 한 규범의 효력과 생성이 다른 규범으로 소급되고, 이 다른 규범의 생성은 다시 또 다른 규범에 의해 규정된다는 점으로부터 도출되는 상호 연관성을 통해 수립된다. 이러한 소급은 궁극적으로 가설적 근본규칙인 근본규범으로 귀결되며, 최상위의 효력근거인 이 근본규범은 생성의 연관성에 통일성을 수립한다.

법질서의 단계구조Stufenbau der Rechtsordnung는 ― 여기서는 일단 개별 국가 법질서를 염두에 두면서 서술한다 ― 예컨대 다음과 같이 도식적으로 설명할 수 있다. 즉 근본규범이라는 전제―이 전제가 갖는 의미에 대해서는 앞에서 서술했다―하에 최상위의 단계에 있는 실정법은 (실질적 의미의) 헌법이고, 이 헌법의 본질적 기능은 일반적인 법생성, 즉 입법을 담당하는 기관과 입법절차를 규율하는 것이다. 물론 헌법은 장래에 제정될 법률의 내용도 규정할 수 있다. 실제로 실정헌법이 법률의 내용을 지시하거나 배제함으로써 법률의 내용을 규정하는 경우가 자주 있다. 법률의 내용을 지시하는 경우에는 공포해야 할 법률을 기약하는 경우가 대부분이다. 왜냐하면 법기술적인 이유에서 헌법이 지시하는 내용을 담은 법률을 제정하지 않더라도 이에 대해 제재를 연결시키는 것이 쉽지 않기 때문이다. 이에 반해 헌법을 통해 특정한 내용의 법률이 제정되는 것을 저지하는 것은 훨씬 더 효과적으로 달성할 수 있다. 근대 헌법의 전형적인 내용에 해당하는 기본권과 자유권 목록들은 원칙적으로 그와 같은 소극적 규정이다. 다시 말해 법률 앞의 평등 또는 인격의 자유, 양심의 자유 등에 대한 헌법적 보장은 바로 일정한 관계에 비추어 국민들을 불평등하게 취급하거나 특정한 자유영역을 침해하는 법률을 금지하는 것이다. 이러한 금지는 법기술적으로 볼 때 다음과 같은 방법을 통해 효과적으로 보장할 수 있다. 즉 위헌법률의 공포에 대해 이 법률의 공포에 참여한 특정한 기관―국가원수, 각료―이 개인적으로 책임을 부담하게 만들거나 그러한 법률을 취소 또는 폐기할 가능성을 규정하면 된다. 물론 이를 위해서는 일반 법률이 이 법률의 생성과 법률의 내용을 규정하는 헌법을 파기할 힘을 갖지 않으며, 헌법은 절대다수와 같이 일반 법률에 비해 훨씬 더 어려운 조건하에서만 개정 또는 폐기될 수 있다는 전제가 충족되어야 한다. 다시 말해 헌법은 자신의 개정 또는 폐기와 관련해서는 통상의 입법절차와는 달리 훨씬 더 어렵고 까다로운 절차를 규정해 놓아야 한다. 이 점에서 법률 형식Gesetzes-Form과는 별도로 특수한 헌법 형식Verfassungs-Form이 존재해야 한다.

## b) 입법; 법원(法源)의 개념

헌법에 가장 가까운 단계는 입법절차를 통해 생성된 일반적 규범 generelle Norm이다. 이 일반적 규범의 기능은 개별적 규범individuelle Norm 의 정립을 담당하는 기관과 이 규범을 정립하는 절차뿐만 아니라, 그 내용까지도 규정한다. 개별적 규범은 통상 법원法院과 행정관청을 통해 정립되어야 한다. 헌법의 중점은 법률이 생성되는 절차에 대한 규율이고, 법률의 내용에 대해 헌법이 규율할 때는 내용에 대한 규율의 확정성이 매우 낮은 반면, 입법의 과제는 법원의 판결행위와 행정행위의 생성 및 내용을 똑같이 확정적으로 규율하는 것이다. 그 때문에 법률의 형식으로 등장하는 법은 실체법이기도 하고 절차법이기도 하다. 즉 형법과 민법과는 별개로 형사소송법과 민사소송법이 있고, 행정법과는 별개로 행정절차에 관한 법률이 있다. 따라서 헌법과 입법의 관계는 기본적으로 법률과 판결 또는 행정행위의 관계와 동일한 관계이다. 다만 하위 규범에 대한 상위 규범의 절차적 규정과 실체적 규정 사이의 관계가 다를 뿐이다. 다시 말해 헌법과 입법의 관계에서는 절차적 요소가 실체적 요소를 압도하는 반면, 법률과 판결 또는 행정행위의 관계에서는 두 요소가 평형을 이룬다.

헌법을 통해 규율되는 일반적 법형성의 단계는 개별 국가의 질서를 실정법적으로 형성할 때 다시 두 개 또는 그 이상의 단계로 나뉘는 것이 일반적이다. 이와 관련해서는 법률과 법규명령Verordnung의 구별만을 강조하겠다. 특히 헌법이 일반적 규범의 생성은 원칙적으로 국민에 의해 선출된 의회가 담당하도록 하면서도, 특정한 행정기관이 공포하는 일반적 규범을 통해 법률의 실행과 관련된 상세한 내용을 규율하도록 허용하거나 또는 특정한 예외적 사례에서는 의회 대신 정부가 모든 필요한 일반적 규범을 공포하도록 권한을 위임한 경우에는 이 구별이 중요한 의미를 갖는다. 이와 같이 의회가 아니라, 행정기관에 의해 공포된 일반적 규범을 법규명령이라 부른다. 즉 법규명령은 법률을 실행하거나 법률을 대체하는 일반적 규범이다. 이를 법률의 힘을 가진 명령이라고 부르기도 한다. 이를 통해 ― 특수한 헌법 형식과 마찬가지로 ― 특수한 법률 형식이 존재하게 된다. 그리하여 실질적 의미의 법률과 구별되는 형식적 의미의 법률이라는 표현을 사용한다. 형식적 의미의 법률은 모든 일반적 법규범을 지칭하기 때문에 의회가 의결하고 대다수 헌법에 있는 특정한 규정에 따라 특정한 방식으로 공포된 일반적 법규범 또는 이러한 형식으로 등장하는 모든 내용을 지칭한다. 그러므로 '형식적 의미의 법률'이라는 표현은 다의적이다. 단지 일반적 규범뿐만 아니라, 다른 내용까지도 등장할 수 있는 법률의 형식이라는 개념만이 일의적인 명확성을 갖고 있을 뿐이다.

편의상 여기서는 관습이 아니라, 제정을 통해 일반적 헌법규범을 생성하고 다시 이 헌법에 따라 다른 일반적 법규범을 생성하는 경우만을 고찰하겠다. 제정과 관습을 묶어 '법원法源'이라는 개념으로 집약하는 것이 일반적이다. 이 개념은 비유적 표현이고, 따라서 다의적인 표현이다. 즉 법원 개념은 이 두 가지 서로 다른 방법 ― 한쪽은 목적을 의식하면서 중앙기관에 의해 처리되는 일반적 규범의 생성인 반면, 다른 한쪽은 무의식적이고 탈중심적이며 법공동체 구성원들에 의해 이루어지는 일반적 규범의 생성이다―뿐만 아니라, 법질서의 최종적 효력근거까지도 의미하며, 따라서 여기서 내가 근본규범이라는 개념을 통해 표현하는 내용까지도 의미한다. 그러나 가장 넓은 의미의 '법원'은 모든 법규범을 의미한다. 즉 일반적 법규범뿐만 아니라, 개별적 법규범도 법원이다. 따라서 객관적 법으로부터 주관적 의미의 법, 즉 법의무와 권한이 흘러나오듯이 개별적 규범으로부터도 법의무와 권한이 흘러나오고, 이 점에서 개별적 법규범도 넓은 의미의 법원이다. 예컨대 법관의 판결은 한 사람의 특정한 의무와 그에 상응하는 다른 사람의 권한을 위한 원천이 된다. '법원'이라는 용어가 갖고 있는 이러한 다의성으로 말미암아 이 개념이 과연 유용한지에 대해 의문을 갖게 된다. 그 때문에 이 비유적 개념 대신 그때그때 해결해야 할 문제를 명확하고 직접적으로 규정하는 것이 더 바람직하다. 이 점에서 일반적 규범이 개별적 규범의 '원천'인지를 검토해보자.

## c) 판결

추상적으로 규정된 하나의 사실에 역시 추상적으로 규정된 하나의 결과를 연결시키는 일반적 규범은 이 규범의 의미에 도달하기 위해 개별화Individualisierung를 필요로 한다. 즉 일반적 규범이 추상적으로 규정하고 있는 사실이 구체적으로 존재하는지를 확인해야 하고, 이 구체적인 사례에 대해 구체적인 강제행위가 정립되어야 하는지, 다시 말해 일반적 규범에 의해 추상적으로 지시되어 있는 강제행위를 명령하고 실현하는 구체적 강제행위가 정립되어야 하는지를 확인해야 한다. 이러한 확인은 법관의 판결을 통해 이루어지고, 바로 이것이 이른바 재판 또는 사법권의 기능이다. 그러나 이 기능은 — '법을 말하다 Recht-Sprechung', '법의 발견Rechts-Findung'이라는 용어가 시사하고 있고, 법이론이 자주 전제하는 것과는 달리 — 마치 법률(일반적 규범) 속에 이미 들어 있는 완결된 법을 법원의 활동을 통해 그저 입 밖으로 말하거나 찾아내기만 하면 되는 것과 같이 단순한 선언적 성격만을 갖는다고 생각해서는 안 된다. 이른바 재판의 기능은 오히려 철저히 구성적이고 창조적이며, 본래의 의미 그대로 법의 생성이다. 특수한 법적 결과(법률효과)와 연결되어야 하는 구체적 사실(구성요건/요건사실)이 존재하게 되고 구체적 사실이 구체적인 법적 결과와 연결되는 이 모든 관계는 법관의 판결을 통해 비로소 창설된다. 두 개의 사실이 일반적 영역에서는 법률을 통해 연결된다면, 개별적 영역에서는 법관의 판결을 통해 비로소 연결된다. 그렇기 때문에 법관의 판결 자체는 개별적 법규범이고, 일반적 또는 추상적 법규범의 개별화 또는 구체화이며 일반적 영역으로부터 개별적 영역으로 법생성 과정을 지속하는 것이다. 모든 법은 일반적 규범 안에 포함되어 있다는 편견 그리고 법과 법률은 동일하다는 오류에 힘입어 일반적 규범과 개별적 규범 사이의 관계에 대한 이러한 통찰을 은폐할 수 있었을 따름이다.

### d) 사법과 행정

재판과 마찬가지로 행정도 법률, 즉 행정법의 개별화와 구체화라고 입증할 수 있다. 흔히 국가행정이라고 부르는 영역의 대부분은 기능적으로 볼 때 법원 또는 사법부라고 부르는 영역과 아무런 차이가 없다. 즉 국가목적이 행정기관을 통해 추구되는 방식이나 법원을 통해 추구되는 방식은 기술적으로 볼 때 동일하다. 즉 입법자가 사회적으로 바람직하다고 여기는 상태를 야기하기 위해 이와는 반대되는 것에 대해 국가기관에 의해 정립되는 강제행위를 통해 대응한다는 점에서 사법과 행정은 아무런 차이가 없다. 다시 말해 사법과 행정 모두 국민들에게 사회적으로 바람직한 행동을 하도록 법적 의무를 부과한다. 따라서 인간의 명예를 보호하기 위해 명예를 침해한 자에 대해 법원이 형사소추를 할 것인지 또는 도로교통상의 안전을 보장하기 위해 과속운전을 한 자를 행정기관이 처벌하게 할 것인지는 본질적으로 아무런 차이가 없다. 물론 전자의 경우는 사법이라 하고, 후자의 경우는 행정이라고 하지만 차이는 단지 조직적인 측면과 역사적인 측면에서만 존재할 뿐이다. 즉 법관의 지위, 특히 행정기관에게는 대부분 결여되어 있는(물론 항상 그랬던 것은 아니다) 독립성은 오로지 역사적 배경 하에서만 설명이 가능할 뿐, 그 자체 필연적 근거가 있는 것은 아니다. 앞에서 예로 든 두 사례에서 국가목적이 오로지 간접적인 방식을 통해서만 실현된다는 점 역시 본질적으로 일치한다. 다만 국가목적이 국가기관을 통해 직접적으로 실현되는 경우, 즉 국가기관이 ─ 법적 의무를 부담하면서 ─ 사회적으로 바람직한 상태를 직접 수립하는 경우, 예컨대 국가가(다시 말해 국가의 기관이) 직접 학교를 건설하고 철도를 운영하며 환자를 병원에서 치료하는 등의 경우에는 사법과 행정의 기능적 차이가 존재하게 된다. 이러한 직접적 행정은 사실상 재판과는 본질적으로 다르다. 왜냐하면 재판은 그 본질에 비추어 볼 때 국가목적을 간접적으로 추구하며, 따라서 간접적 행정과 매우 유사하기 때문이다. 따라서 행정과 사법이 두 가지 서로 다른 기능에 해당한다고 말할 때는 반드시 사법이 직접적 행정과 대비된다는 전제하에서만 타당성을 갖는다. 그러므로 법의 기능을 개념적으로 정확히 체계화하기 위해서는 역사적으로 형성되어 왔고 오늘날에도 극히 일반적으로 통용되는, 법적 기관의 조직을 분류하는 방식과는 다른 방식으로 경계를 설정해야 한다. 기존의 분류 방식은—입법을 제외한 상태에서—상당부분 동일한 기능을 수행함에도 불구하고 상대적으로 고립된 두 가지 유형의 기관, 즉 사법과 행정으로 나누어 설명한다. 하지만 이러한 기능의 본성을 올바르게 통찰하고 사법과 행정의 차이를 간접적 국가행정과 직접적 국가행정의 구별로 대체한다면 국가의 법적 기관의 조직구성에 대해서도 영향을 미치게 될 것이다.

### e) 법률행위와 집행행위

일반적 규범의 개별화와 구체화는 민법과 같은 특정한 법영역에서는 법관의 판결과 같이 공무를 담당하는 국가기관의 행위를 통해 직접적으로 이루어지지 않는다. 즉 법원에 의해 적용되는 민사법규범의 경우에는 법률과 판결 사이에 조건이 되는 사실의 측면에서 개별화 기능을 수행하는 법률행위Rechtsgeschäft가 개입한다. 법률행위의 당사자들은 법률로부터 위임을 받아 그들의 행동과 관련해서 구체적인 규범, 즉 쌍방적인 행동을 규정하는 규범을 정립한다. 그리고 이 규범의 위반은 법관의 판결을 통해 비로소 확인되어야 할 사실(요건사실)을 형성하고, 이 사실에 대해 판결을 통해 집행이라는 불법 결과가 연결된다.

헌법제정에서 시작되는 이 법생성 과정의 마지막 단계가 바로 불법 결과로서의 강제행위의 실현인 것이다.

## f) 법생성과 법적용 사이의 대립의 상대성

법질서의 단계구조에 대한 통찰은 법생성 또는 법창조와 법이행 Rechtsvollziehung 또는 법적용 사이의 대립이 이를 매우 중요한 의미를 갖는 대립으로 여기는 전통적 법이론이 생각하는 것처럼 그렇게 절대적 성격을 갖고 있지 않다는 것을 보여준다. 왜냐하면 대부분의 법적 행위는 법생성 행위이자 동시에 법이행 행위이기 때문이다. 다시 말해 모든 법적 행위를 통해 더 상위 단계에 있는 규범이 이행되고, 더 하위 단계에 있는 규범이 생성된다. 예를 들어 최초의 헌법제정 ― 즉 최상위의 법생성 행위 ― 은 근본규범의 이행으로, 입법 ― 일반적 규범의 생성 ― 은 헌법의 이행으로, 개별적 규범을 정립하는 법관의 판결과 행정행위는 법률의 이행으로, 강제행위의 실현은 행정명령과 판결의 이행으로 설명된다. 다만 강제행위는 순수한 이행의 성격만을 갖고, 이와 반대로 근본규범이라는 전제를 정립하는 것 Voraus-Setzung 은 순수한 규범정립의 성격만을 갖는다. 하지만 이 두 가지 한계사례 사이에 있는 모든 것들은 법제정이자 동시에 법이행이다. 그 때문에 특히 법률행위 역시 전통적 이론에서처럼 법창조 행위로서의 입법에 대비되는 법적용 행위로 생각해서는 안 된다. 왜냐하면 입법도 법률행위와 마찬가지로 법창조이자 동시에 법적용이기 때문이다.

## g) 단계구조에서 국제법의 지위

단 하나의 국가 법질서만이 존재하는 것이 아니라, 서로 조율되고 각각의 효력범위에 대한 경계설정이 이루어져 있는 다수의 법질서들이 효력을 갖고 있다고 전제하며 또한—아래에서 자세히 밝히게 되 듯이—실정 국제법이 개별 국가 법질서들 사이의 조율과 효력범위 의 경계설정을 수행한다는 점을 인식한다면, 국제법은 국가 법질서의 상위에 있고, 국가 법질서들을 하나의 보편적 법공동체로 집약하는 법질서로 파악되어야 한다. 이로써 단계적으로 서로 연결되어 있는 법의 층위들의 체계 속에서 모든 법의 통일성을 인식할 수 있게 된다.

## h) 서로 다른 단계에 속하는 규범들 사이의 갈등

단계적으로 구성된 법질서의 통일성은 하위의 규범들이 이 규범을 규정하는 상위 규범에—생성의 측면에서든 내용의 측면에서든— 부합하지 않는 즉시, 다시 말해 규범들의 우열관계를 규정하고 있는 규정에 모순되는 즉시 의문의 대상이 된다. 이는 규범에 반하는 규범 이라는 문제이다. 이 문제는 헌법에 반하는 법률, 법률에 반하는 법규 명령, 법률 또는 법규명령에 반하는 판결이나 행정행위 등의 문제로 등장한다. 이 경우에는 다음과 같은 물음을 제기하지 않을 수 없다. 즉 동일한 법체계의 서로 다른 단계에 속하는 두 개의 규범 사이에 논리 적 모순이 존재하고, 헌법과 헌법을 위반하는 법률 또는 법률과 법률 을 위반하는 판결이 모두 효력을 갖고 있다면, 과연 규범들이 논리적 으로 완결된 체계를 형성한다는 의미의 법질서의 통일성을 어떻게 유 지할 수 있는가? 그러나 이 경우에도 실정법상 법질서의 통일성이 유 지된다는 점에 대해 의문을 제기할 수 없다. 실정법 스스로 위법한 법 을 감안하고 있으며, 위법한 법을 저지하거나 이를 제한하기 위해 다 양한 예방장치를 마련하고 있다는 점에서 위법한 법의 존재를 전제하고 있다. 하지만 실정법이 어떤 이유에서든 비록 바람직하지 않은 규범일지라도 법으로서의 효력을 유지하도록 함으로써 실정법은 그와 같은 법으로부터 위법성이라는 독특한 성격을 제거하는 셈이다. 따라서 만일 위헌법률, 위법한 판결 등과 같이 규범에 반하는 규범으로 지칭되는 현상이 진정으로 상위의 규범과 하위의 규범 사이의 논리적 모순을 뜻한다면, 이 현상은 이미 법질서의 통일성을 파괴하는 것이 될 것이다. 그러나 결코 그렇지 않다.

예를 들어 위헌법률, 즉 성립방식이나 규정의 내용이 현재 효력을 갖고 있는 헌법 규정에 모순되지만 그럼에도 효력을 갖는 법률이 존재할 수 있다면, 이러한 상황은 헌법이 헌법에 합치하는 법률의 효력뿐만 아니라, ―어떤 이유에서든― '헌법에 반하는' 법률의 효력도 의욕하고 있다는 식으로 해석하지 않을 수 없다. 그렇지 않다면 헌법에 반하는 법률의 '효력'이라는 표현 자체가 불가능할 것이다. 헌법이 이른바 위헌법률의 효력까지도 의욕한다는 점은 헌법 자신이 법률은 특정한 방식으로 생성되고 특정한 내용을 갖거나 또는 갖지 않아야 한다고 규정할 뿐만 아니라, 어떤 법률이 헌법에 정해진 방식으로 생성되지 않았거나 정해진 내용과는 다른 내용을 가질 경우 이를 곧장 무효로 간주하지 않고, 예컨대 헌법재판소와 같은 특정한 기관이 헌법에 규율된 절차에 따라 폐기할 때까지는 계속 효력을 유지하도록 규정하고 있다는 점에서 분명히 드러난다. 이 맥락에서 헌법이 때로는 법률이 효력을 갖기 위해 갖추어야 할 최소한의 요건(예컨대 법률공보에 공포하는 것)을 규정하기도 한다는 사정은 부차적인 의미만을 가질 뿐이다. 아무튼 이 최소한의 요건이 충족되어 있는 한, 심지어 법원마저도 법률이라는 외양을 갖고 등장한 규범을 그것이 폐기될 때까지는 효력을 갖는 법률로 적용해야 한다. 이보다 더욱 중요한 것은 대다수 헌법이 위헌법률의 폐기에 대해 아무런 규정도 하지 않은 채, 국가원수나 장관과 같은 특정 기관에게 위헌법률의 성립을 이유로 개인적 책임을 물을 수 있는 가능성에 만족한다는 사정이다. 물론 개인적 책임을 묻더라도 위헌법률의 효력 자체에는 아무런 영향을 미치지 않는다. 그렇기 때문에 법률의 '위헌성'이라고 부르는 것은 결코 법률의 내용과 헌법의 내용 사이에 존재하는 논리적 모순이 아니라, 하나의 절차가 개시되기 위한 헌법상의 조건일 따름이다. 이 절차를 통해 — 지금까지 효력을 갖고 있었고, 따라서 헌법에 합치했던 — 법률을 폐기하거나 특정 기관을 처벌하게 된다. 따라서 법률의 생성 및 법률의 내용에 해당하는 헌법규정들은 이에 대한 위반, 즉 원래 규정되어 있는 것과는 다른 방식으로 성립했거나 원래 규정되어 있는 내용과는 다른 내용을 갖게 된 규범들과 관련이 있는 헌법규정들과의 밀접한 연관성 속에서만 제대로 이해할 수 있다. 이러한 관점에서 고찰해보면 이 두 가지 헌법규정들은 통일성을 형성한다. 이에 따라 입법과 관련된 헌법규정들은 대안적 규정으로서의 성격을 갖는다. 물론 대안을 구성하는 양쪽이 동등한 가치를 갖는 것은 아니다. 즉 헌법에 합치하는 법률의 성립과 내용에 관련된 첫 번째 대안에 비해 헌법위반에 관련된 두 번째 대안이 낮은 가치를 갖는다는 의미로 구별이 이루어진다. 이 점은 다음과 같은 사실에서도 표현되고 있다. 즉 첫 번째 대안이 아니라, 두 번째 대안에 부합하는 법률은 이러한 성질 때문에 헌법에 의해 폐기될 수 있거나 또는 특정 기관이 처벌을 받을 수도 있다. 따라서 '규범을 위반하는' 규범이 폐기될 수 있거나 어떤 기관이 그로 인해 처벌되어야 한다는 점에서 '규범위반'('헌법위반', '법률위반')이라는 표현보다는 규범의 '하자Mangelhaftigkeit' 또는 '오류Fehlerhaftigkeit'라는 표현이 더 적절하다.

이른바 법률에 반하는 법규명령과 법률 또는 법규명령에 반하는 판결과 행정행위의 경우도 이와 마찬가지로 처리하면 된다. 후자는— 그저 외관상으로만 법규범으로 보일 뿐, 법적으로 볼 때 법규범 자체가 전혀 존재하지 않는 절대적 무효에 해당하는 경우는 여기서 배제하기로 한다—법률이 정한 절차를 통해 법률위반을 이유로 폐기되지 않는 한, 법적으로 효력을 갖고 있고, 따라서 법률에 합치한다고 간주되어야 하는 개별적 규범이 생성된 경우이다. 법률 역시 법관의 판결과 행정행위가 특정한 방식으로 생성되고 특정한 내용을 가져야 한다는 규정뿐만 아니라, 규정된 방식과는 다른 방식으로 생성되었거나 규정된 내용과는 다른 내용을 가진 규범은 특정한 절차를 거쳐 법률규정에 대한 모순을 이유로 폐기될 때까지는 효력을 가져야 한다는 규정도 포함하고 있다. 이러한 절차가 법률위반이 없다는 결론과 함께 종료되었거나 아예 이러한 절차를 규정하지 않은 때는 하위의 규범은 상위의 규범과의 관계에서 '확정력Rechtskraft'을 획득하게 된다. 다시 말해 하위의 규범은 상위의 규범에 반하는 내용을 갖고 있음에도 불구하고 효력을 유지하며, 더욱이 상위의 규범 자체에 의해 규정된 확정력 원칙에 따라 효력을 유지한다. 그렇기 때문에 하위 규범의 생성과 내용을 규정하는 상위 규범의 의미를 파악하기 위해서는 이 상위 규범을 위반하는 하위 규범을 어떻게 처리하는지에 대한 상위 규범의 다른 규정까지도 함께 고려해야 한다. 따라서 하위 규범에 대한 상위 규범의 규정은—일반적 법률과 개별적 판결 및 행정행위의 관계에서도—대안적 규정으로서의 성격을 갖는다. 즉 개별적 규범이 두 대안들 가운데 첫 번째 대안에 부합하면, 그 개별적 규범은 완전한 가치를 가지며, 이에 반해 두 번째 대안에 부합하면 저열한 가치를 갖는다. 즉 후자의 경우에는 그와 같은 하자로 인해 개별적 규범이라는 명칭을 상실하고, 폐기된다. 이 두 가지 대안 이외의 제3의 가능성은 존재하지 않는다. 왜냐하면 폐기될 수 없는 규범은 확정적으로 효력을 갖거나 또는 원천적으로 무효이거나 둘 가운데 하나에만 해당할 뿐이기 때문이다. 만일 규범이 원천적으로 무효라면 그것은 규범이 아니라, 그저 규범이라는 외관만을 갖고 있는 것에 불과하다. 하위 규범을 규정하는 상위 규범의 대안적 성격을 통해 하위 규범이 상위 규범과 진정한 의미의 논리적 모순에 빠지는 경우는 아예 배제된다. 왜냐하면 상위단계의 전체 규범을 구성하고 있는 대안적 규정들 가운데 첫 번째 대안에 해당하는 규정에 대한 모순은 대안을 통해 구성되어 있는 전체 규범에 대한 모순이 아니기 때문이다. 또한 정해진 절차를 거쳐 심사되어야 하는 하위 규범이 상위 규범을 구성하는 대안적 규정들 가운데 첫 번째 대안에 모순된다고 말하는 것은 상위 규범이 규정한 관할 기관에 의해 모순이 확인될 때 비로소 가능하게 된다. 그러므로 이른바 규범모순에 관한 다른 모든 견해들은 법적으로 아무런 의미가 없다. '모순'은 모순되는 규범을 폐기함과 동시에 법의 영역 안으로 들어가게 된다. 따라서 어떤 이유에서든 효력을 갖는 것으로 전제해야 하는 규범의 '(상위 규범에 대한 위반이라는 의미에서의) 규범위반'은 ─ 규범위반 자체와는 관계가 없는, 특정 기관의 개인적 책임은 별개의 문제로 한다면 ─ 실제로는 특정한 이유에서 가능하게 되는 규범의 폐기, 즉 다른 법적 행위를 통한 규범의 폐기 가능성이거나 또는 규범의 원천적 무효, 즉 효력을 갖는 규범이라는 자격을 부정하는 법인식을 통해 효력을 갖는 법규범이라는 외관을 해체하는 것일 따름이다. 다시 말해 '규범을 위반하는 규범'은 그것이 폐기될 때까지는 계속 효력을 갖고, 따라서 규범에 합치하는 규범이라는 의미에서 단지 폐기 가능한 규범이거나 아니면 처음부터 무효이기 때문에 아예 규범이 아니거나 둘 중 하나일 뿐이다. 이 점에서 규범적 인식은 동일한 체계에 속하는 두 규범들 사이에 어떠한 모순도 용납하지 않는다. 서로 다른 단계에 속하는 두 개의 규범들 사이에 있을 수 있는 갈등은 법 스스로 해결한다. 따라서 법질서의 단계구조에 따른 통일성은 어떠한 논리적 모순에 의해서도 위협받지 않는다.

# VI
## 해석

Die Interpretation

# VI

# 해석

## 32. 해석의 계기와 대상

법질서의 단계구조에 대한 통찰로부터 해석의 문제와 관련해서도 매우 중요한 결론이 도출된다. 해석은 더 높은 단계로부터 — 이 더 높은 단계에 의해 규정되는 — 더 낮은 단계로 진행되는 법생성의 과정을 수반하는 정신적 과정이다. 법률해석이라는 통상적인 해석에서는 법률이라는 일반적 규범을 구체적인 사실에 적용할 때 어떻게 이 일반적 규범에 부합하는 개별적 규범으로서의 판결이나 행정행위를 획득할 것인가라는 물음이 제기된다. 하지만 — 입법절차나 비상사태규범의 선포 또는 직접적으로 헌법에 영향을 미치는 국가 활동의 경우처럼 — 헌법을 적용해야 하는 경우, 즉 헌법을 더 낮은 단계에서 이행하는 경우에도 같은 물음이 제기된다. 또한 개별적 규범, 즉 판결, 행정명령, 법률행위 등 모든 규범과 관련해서도 규범이 이행되어야 하는 한, 해석의 문제가 등장한다. 다시 말해 법생성 또는 법이행의 과정이 한 단계에서 그 보다 낮은 다음 단계로 넘어가는 경우에는 언제나 해석의 문제가 등장한다.

## 33. 상위의 법단계와의 관계에서
## 하위의 법단계가 갖는 상대적 불확정성

　헌법과 법률 또는 법률과 판결의 관계와 같이 법질서의 상위단계와 하위단계 사이의 관계는 확정Bestimmung 또는 구속Bindung의 관계이다. 즉 상위 규범은 하위 규범을 생성하는 행위(또는 오로지 집행행위만이 문제되는 경우에는 이 집행행위 자체)를 규율한다. 이 경우 상위 규범은 하위 규범이 생성되는 절차뿐만 아니라, 경우에 따라서는 생성되어야 할 규범의 내용도 확정한다.

　하지만 이러한 확정은 결코 완벽한 확정이 아니다. 상위단계의 규범은 이 규범을 이행하는 행위를 모든 방향에서 구속할 수는 없다. 언제나 다소간의 자유재량의 여지가 남아 있으며, 그리하여 상위 규범은 이를 이행하는 규범생성행위 또는 집행행위와의 관계에서 언제나 단지 이 행위를 통해 내용이 채워져야 하는 범위Rahmen의 성격만을 갖고 있을 뿐이다. 심지어 매우 구체적으로 내려진 명령마저도 이 명령을 이행하는 자에게 상당히 많은 재량을 부여하지 않을 수 없다. 예를 들어 기관 A가 기관 B로 하여금 국민 C를 체포하도록 명령했다면, 기관 B는 나름의 재량에 따라 언제 그리고 어디서 어떤 방식으로 구속명령을 실현할 것인지를 결정해야 하고, 이러한 결정은 명령을 내린 기관이 예견하지 않았고 상당부분 예견할 수도 없는 외적인 사정에 의존하게 된다.

## 34. 하위단계의 의도적 불확정성

　이로부터 모든 법적 행위는 그것이 상위 규범을 이행하는 법생성행위이든 아니면 순수한 집행행위이든 관계없이 이 규범에 의해 일부분은 확정되고, 일부분은 확정되지 않는다는 결론이 도출된다. 불확정성은 조건이 되는 사실과 관련될 수도 있고 조건에 따른 결과와 관련되는 것일 수도 있다. 다시 말해 정립해야 할 행위의 방법에 관련될 수도 있고 그 대상에 관련될 수도 있다. 이러한 불확정성은 의도된 것일 수 있다. 다시 말해 상위 규범을 정립하는 기관의 의도에 기인한 것일 수 있다. 따라서 단순한 일반적 규범의 정립은—일반적 규범의 본질에 따라—언제나 이 일반적 규범을 이행하는 개별적 규범이 법규범들의 단계적 연쇄가 갖는 의미를 형성하는 확정과정Prozeß der Determination을 계속 진행한다는 전제하에 이루어진다. 위임Delegation의 경우도 마찬가지이다. 예컨대 보건위생법은 전염병이 창궐할 경우 도시거주민들에게 질병의 확산을 방지하는 조치를 취하고, 이를 위반했을 때는 형벌을 부과할 수 있도록 규정하고 있다. 행정기관은 여러 질병에 따라 다양한 방식으로 예방조치를 취할 수 있다. 또한 형법은 특정한 범죄에 대해 벌금형이나 자유형을 규정하고 있고, 구체적인 사례에서 이 가운데 어느 것을 선택할 것인지 및 그 범위는 법관으로 하여금 확정하도록 하고 있다. 물론 이러한 확정과 관련해서 법률 자체에 상한선과 하한선이 규정되어 있을 수 있다.

## 35. 하위단계의 의도하지 않은 불확정성

그러나 법적 행위의 불확정성은 문제의 행위를 통해 집행되어야 할 규범의 성격에 따라 의도하지 않은 결과일 수도 있다. 이 경우에는 무엇보다 규범을 표현하고 있는 단어 또는 일련의 단어들의 다의성

Mehrdeutigkeit에 기인한다. 즉 규범의 언어적 의미가 명확하지 않은 경우이다. 이 경우 규범을 이행해야 하는 자는 다수의 가능한 의미들에 직면한다. 규범을 이행하는 자가 규범의 언어적 표현과 이 언어표현을 통해 표출된 규범정립 권위의 의지 사이에 불일치가 존재하고 있다고 전제할 수 있는 경우에도 같은 상황이 전개된다. 이 경우 규범을 정립한 자의 의지가 어떠한 방식으로 확인될 수 있는지는 별개의 문제이다. 아무튼 이러한 의지를 규범의 언어적 표현 자체와는 다른 출처로부터 탐구하는 것이 가능하다고 여겨야 한다. 물론 이 경우에는 언어적 표현이 규범정립자의 의지에 부합하지 않는다고 전제해야 한다. 이른바 입법자의 의사나 법률행위를 한 당사자의 의도가 법률 또는 법률행위에 명시적으로 표현된 단어들에 부합하지 않는 것은 전통적인 법학에서도 일반적으로 인정되고 있는 가능성이다. 의지와 표현 사이의 이러한 불일치는 완벽한 불일치일 수도 있고, 일부분의 불일치일 수도 있다. 입법자의 의사 또는 당사자의 의도가 규범의 언어표현에 해당하는 다수의 의미들 가운데 최소한 하나에 부합한다면 일부분의 불일치에 해당한다. 이밖에도 하나의 규범에 기초해서 정립되는 법적 행위의 불확정성은 동시에 효력을 주장하는 두 개의 규범이 전면적 또는 부분적으로 서로 모순되기 때문에 발생할 수도 있다(상위 규범과 하위 규범 사이에 갈등이 있는 경우 법질서의 통일성이 어떻게 유지되는지, 즉 규범을 위반하는 규범의 문제는 앞에서 이미 다루었다).

# 36. 규범은 하나의 범위로서,
## 이 범위 내에서 다수의 이행 가능성이 존재한다.

하위단계의 불확정성을 의도한 경우든 의도하지 않은 경우든 언제나 상위 규범을 이행하는 다수의 가능성이 존재한다. 상위 규범을 이행하는 법적 행위는 법규범이 갖고 있는 다수의 언어적 의미 가운데 이 의미 또는 저 의미에 부합하는 방향으로 형성될 수 있고, 규범정립자의 의사(이를 어떤 식으로 확인하든 관계없이) 또는 규범정립자가 선택한 표현에 부합하도록 형성될 수도 있으며, 서로 모순되는 두 규범들의 갈등을 해소하도록 결정하는 방향으로 형성될 수도 있다. 이 모든 경우 하위 규범에 의해 이행되어야 할 상위 규범은 단지 하나의 범위 Rahmen를 형성할 뿐이며, 이 범위 내에서는 다수의 이행가능성이 존재하게 된다. 따라서 이러한 범위 내에 있고, 어떤 의미에서든 이 범위를 충족하는 법적 행위는 모두 규범에 합치한다.

만일 '해석'을 이행되어야 할 규범이 갖고 있는 의미를 확인하는 것으로 이해하게 되면, 이러한 해석활동의 결과는 단지 해석해야 할 규범이 서술하고 있는 범위를 확인하는 것일 뿐이고, 따라서 이 범위 안에 주어져 있는 다수의 가능성들을 인식하는 것에 그칠 뿐이다. 그렇다면 하나의 법률에 대한 해석이 반드시 유일하게 정당한 단 하나의 결정에 도달하는 것이 아니라, 모두—적용해야 할 규범에 비추어 볼 때—동등한 가치를 갖는 다수의 결정들에 도달하게 된다. 물론 법관의 판결행위를 통해 다수의 결정들 가운데 단 하나의 결정만이 실정법이 된다. 그렇기 때문에 법관의 판결이 법률에 근거한다는 것은 판결이 법률이 서술하는 범위 안에 있다는 것을 의미할 뿐이다. 즉 법관의 판결이 유일한 개별적 규범이 아니라, 단지 일반적 규범의 범위 내에서 가능한 다수의 개별적 규범들 가운데 하나라는 것을 뜻할 뿐이다.

그런데도 전통적인 법학에 따르면 해석은 정립해야 할 법적 행위의 범위를 확인하는 데 그치지 않고, 이를 넘어 그 이상의 과제를 수행하는 것이라고 한다. 더욱이 전통적인 법학은 범위의 확인을 뛰어넘는 과제를 해석의 핵심적 과제라고 생각한다. 그 때문에 해석은 확인된 범위를 올바르게 충족하기 위한 방법을 발전시켜야 한다고 한다. 통상의 해석이론은 법률을 구체적인 사안에 적용할 경우, 언제나 단 하나의 정당한 결정을 제공할 수 있고, 또한 이러한 결정이 갖는 실정법적 정당성이 법률 자체에 근거하고 있다고 주장한다. 그리하여 이러한 해석과정이 마치 해석과 이해라는 지적 활동의 과정인 것처럼 묘사하고, 해석자는 오로지 자신의 이성만을 구사할 뿐, 의지를 구사하지 않는 것처럼 설명하며, 순수한 이성 활동만으로도 주어져 있는 여러 가능성들 가운데 실정법에 부합하고 또한 실정법이 의미하고 있는 그대로 올바른 선택을 할 수 있는 것처럼 서술한다.

## 37. 이른바 해석방법

실정법에 지향된 관점에 비추어 볼 때, 적용해야 할 규범의 범위 내에 주어져 있는 다수의 가능성들 가운데 어느 하나가 다른 것보다 우선해야 한다고 지정해주는 기준은 존재하지 않는다. 즉 하나의 규범이 갖는 다수의 언어적 의미들 가운데 오로지 어느 한 의미만을 '올바른' 의미로 규정할 수 있도록 해주는 방법은 존재하지 않는다. 해석은 언제나 법률 규범 또는 법질서의 다른 모든 규범들과의 관계 속에서 다수의 가능한 의미이해를 둘러싸고 이루어진다고 전제하는 한, 그와 같은 기준과 방법은 존재하지 않는다. 이 점에서 전통적인 법학의 모든 노력에도 불구하고 의지와 표현 사이의 갈등을 객관적으로 타당한 방식을 통해 둘 가운데 어느 하나가 우선한다는 식으로 결정하는 데에 성공하지 못했다. 지금까지 전개된 모든 해석방법은 언제나 그저 가능한 결과에 도달했을 뿐, 유일하게 정당한 결과에 도달하지는 못했다. 문언을 무시한 채, 입법자의 추정적 의사를 기준으로 삼거나 문언을 엄격히 준수해서 입법자의 의사를 감안하지 않는 것은 실정법적으로 볼 때 모두 똑같은 가치를 갖는다. 동시에 효력을 갖는 두 규범들이 서로 모순되는 경우라면, 법률의 이행과 관련해서 앞에서 언급한 세 가지 논리적 가능성들은 실정법적으로 모두 동등한 가치를 갖는다. 따라서 다른 것들을 배제한 채 어느 하나만을 '법적으로' 정당화하려는 것은 헛된 노력이다. 반대해석이나 유추와 같은 통상의 해석수단이 아무런 가치가 없다는 것은 양자가 서로 대립되는 결론에 도달하게 되고 또한 어떤 경우에는 반대해석을, 어떤 경우에는 유추를 적용해야 하는지에 대한 기준이 없다는 점에서 분명히 드러난다. 또한 이른바 이익형량의 원칙 역시 문제를 표현한 것일 뿐, 문제를 해결하는 것이 아니다. 이 원칙은 서로 대립되는 이익을 조정하고, 이익갈등에 대해 결정을 내릴 수 있도록 해주는 객관적 기준을 제공하지 않는다. 그러한 기준은 이익형량 이론이 생각하는 것과는 달리 해석해야 할 규범이나 이러한 규범을 포함하고 있는 법률 또는 전체 법질서로부터 도출해낼 수 없다. 왜냐하면 해석의 필요성은 바로 적용해야 할 규범이나 규범들의 체계가 다수의 가능성들을 열어 놓고 있다는 사실 자체에 기인하기 때문이다. 다시 말해 규범 자체에 개입되어 있는 다수의 이익들 가운데 어느 이익이 더 높은 가치를 갖는지에 대한 결정을 포함하고 있지 않기 때문에 해석이 필요하게 되는 것이다. 바로 이 결정, 즉 이익들의 순위결정이 바로 정립해야 할 규범생성 행위 ─ 판결 ─ 에 맡겨져 있는 것이다.

## 38. 인식행위 또는 의지행위로서의 해석

전통적 해석이론의 기저에는 정립해야 할 법적 행위가 적용해야 할 상위 규범에 의해 명확하게 규정되어 있지 않다면, 이미 존재하고 있는 법에 대한 일종의 인식을 통해 법적 행위를 획득할 수 있다는 생각이 자리 잡고 있다. 하지만 이는 모순으로 가득 찬 생각이다. 왜냐하면 이러한 생각은 해석이 가능하기 위한 전제조건에 반하는 자기기만이기 때문이다. 하나의 규범의 범위 내에 주어져 있는 가능성들 가운데 어떠한 가능성이 올바른 가능성인가라는 물음은 이미 그 전제에 비추어 볼 때, 결코 실정법을 지향하는 인식의 문제가 아니다. 다시 말해 이 물음은 법이론적 물음이 아니라, 법정책적인 물음이다. 법률로부터 올바른 판결 또는 올바른 행정행위를 획득하는 과제는 원칙적으로 헌법의 범위 내에서 올바른 법률을 제정하는 것과 동일한 과제에 해당한다. 헌법으로부터 해석을 통해 올바른 법률을 제정할 수 없는 것과 마찬가지로 법률로부터 해석을 통해 올바른 판결을 획득할 수는 없다. 물론 양자 사이에는 차이가 있긴 하다. 하지만 양자의 차이는 양적 차이일 뿐이지, 결코 질적 차이가 아니다. 즉 양자의 차이는 단지 입법자의 헌법에 대한 구속이 법관의 법률에 대한 구속에 비해 강도가 낮고, 입법자는 법관에 비해 조금 더 자유롭게 법창조를 할 수 있다는 것일 뿐이다. 그렇지만 법관 역시 법창조자이며 이 법창조 기능과 관련해서 비교적 많은 자유를 누린다. 바로 그렇기 때문에 법률을 이행하는 절차를 통해 개별적 규범을 획득하는 것 역시 그것이 일반적 규범의 범위를 충족하는 한, 의지에 따른 기능이다. 법률을 이행하는 활동을 지원하는 학문적 주석 역시 법정책적 성격을 갖고 있고, 이 점에서 입법을 제안하는 것과 유사하며, 법원과 행정기관의 법창조적 기능에 영향을 미치기 위한 시도이다. 따라서 법률을 적용할 때, 정립해야 할 법적 행위가 준수해야 하는 범위의 확인 이외에 또 다른 인식행위가 개입한다면, 그러한 인식행위는 실정법에 대한 인식이 아니라, 법생성 과정에 유입될 수 있는 어떤 다른 규범들, 즉 도덕규범, 정의규범 또는 국민의 복리, 국가이익, 진보 등으로 불리곤 하는 사회적 가치판단과 같은 다른 규범들에 대한 인식일 뿐이다. 이 다른 규범들의 효력과 확인가능성에 대해서는 실정법의 관점에서는 아무런 말도 할 수 없다. 실정법의 관점에서 보면, 그와 같은 것들은 단지 소극적으로만 성격을 규정할 수 있다. 즉 이 모든 것들은 실정법 자체에서 비롯된 것들이 아니다. 그리고 법적 행위의 정립이 이와 같은 실정법 이외의 규범들과 어떠한 관계를 맺을 것인지는 전적으로 법적 행위의 정립이라는 과제를 담당하는 기관의 자유재량에 맡겨져 있다. 물론 실정법 스스로 법을 초월하는 규범(도덕, 정의 등)에 권한을 위임하고 있는 경우에는 그렇지 않다. 하지만 이 경우에도 법을 초월하는 규범을 실정법 규범으로 전환해야 할 것이다.

## 39. 법적 안정성이라는 환상

해석이 실정법에 대한 인식이고 그 자체 이미 효력을 갖는 법으로부터 새로운 규범을 획득하기 위한 절차라는 생각은 이른바 개념법학의 기본사상이다. 순수법학은 이러한 개념법학적 기본사상을 거부한다. 즉 순수법학은 인식이라는 방법을 거쳐 규범이 새롭게 창조된다는 생각을 거부한다. 그러한 생각은 궁극적으로 법을 하나의 확고한 질서로 여기고, 이 확고한 질서가 인간의 행동, 특히 법적용 기관인 법원의 활동을 전면적으로 규정한다는 생각일 뿐이다. 그리하여 법적용 기관의 기능 및 해석을 단지 이미 존재하고 있고, 따라서 특수한 절차를 거쳐 찾아내기만 하면 되는 규범 발견으로 여길 수 있다는 것이다. 그러나 이와 같은 생각은 전통적 법이론이 ― 의식적 또는 무의식적으로 ― 고수하고자 노력하는, 법적 안정성이라는 환상일 따름이다.

## 40. 흠결의 문제

법률의 흠결을 보충하는 경우에는 해석에 특별한 역할이 부여된다. 그러나 어떤 법적 분쟁에 관련시킬 수 있는 규정이 없어서 법률을 적용할 수 없기 때문에 이 분쟁사례를 현행 규범에 따라 결정할 수 없다는 의미의 진정한 흠결echte Lücke이란 존재하지 않는다. 모든 법적 분쟁은 한 당사자가 다른 당사자에게 청구를 제기한다는 것을 본질로 한다. 이 청구를 인용할 것인지 아니면 기각할 것인지는 법률, 즉 구체적 사례에 적용해야 할 현행 규범이 당사자가 주장하는 법의무를 인정하는지 여부에 달려 있다. 제3의 가능성이란 존재하지 않기 때문에 결정은 언제나 가능하고, 더욱이 언제나 법률의 적용에 근거한다. 즉 청구를 기각하는 결정에서도 효력을 갖고 있는 법질서가 적용된다. 효력을 갖는 법질서는 인간들로 하여금 특정한 방식으로 행동하도록 의무를 부과함으로써, 이러한 법의무를 벗어난 영역에서는 자유를 보장한다. 또한 법질서가 인정하지 않는 행동을 타인에게 요구하는 자에 대해 그 타인은 —법질서가 인정하는— 부작위 청구권을 갖는다. 이 권리는 곧 법적으로 보장된 자유를 의미한다. 법질서는 특정한 행동을 하도록 의무를 부과하는 명제뿐만 아니라, 의무를 부담하지 않는다는 명제, 즉 무엇인가를 하거나 하지 않을 자유까지도 포함한다. 이러한 소극적 규범은 의무에 해당하지 않는 행동에 지향된 청구를 기각하는 결정에서 적용되는 규범이다.

그럼에도 불구하고 법률의 '흠결'이라고 말한다면, 이 표현이 현혹을 불러일으키는 것과는 달리 규범이 존재하지 않아서 결정 자체가 논리적으로 불가능하다는 뜻이 아니다. 오히려 법률을 적용해야 할 기관이 내린 청구의 인용 또는 기각 결정이 합목적성이 없거나 부정당해서 아마도 입법자가 전혀 이러한 사례를 생각하지 못했거나 만일 생각을 했더라면 결정에 원용된 법률과는 다른 내용의 법률을 제정했을 것이라고 생각할 수 있다는 뜻일 뿐이다. 이러한 생각은 타당할 수도 있고 그렇지 않을 수도 있다. 하지만 이 생각의 타당성을 입증하기는 어렵다. 법적용자는 입법자가 실제로 제정한 규범을 적용해야 할 헌법적 의무를 부담하고 있다는 점에 비추어 볼 때, 그와 같은 추정은 아무런 의미가 없다. 법적용자의 관점에서는 나쁜 법률도 적용해야 한다. 즉 누군가가 이 법률을 좋다고 생각하든 나쁘다고 생각하든 법적용자에게는 관계없는 일이다. 이 점에서 이른바 흠결은 실정법과 이보다 더 정당하고 더 좋다고 생각하는 질서 사이의 간극을 뜻한다. 그러한 생각 속의 질서를 실정법에 접근시켜 실정법의 흠결을 확인할 때만 흠결이라고 주장할 수 있을 뿐이다. 따라서 그와 같은 흠결은 결코 해석을 통해 보충할 수 있는 흠결이 아니라는 점은 흠결의 본질을 파악하는 즉시 분명하게 드러난다. 더욱이 이러한 의미의 흠결을 보충하는 해석은 결과적으로 해석해야 할 규범을 적용하는 기능을 하는 것이 아니라, 이와는 정반대로 해석해야 할 규범을 배제하고 그 대신 법적용자가 더 좋고 더 정당하다고 여기는 규범으로 대체한다는 뜻이다. 흠결보충이라는 미명하에 원래 적용해야 할 규범은 법적용 과정에서 폐기되고 새로운 규범으로 대체되는 것이다. 따라서 이러한 '해석'은 일반적 규범에 대한 합법적인 개정이 어떤 이유에서 어렵거나 불가능할 때 사용되는 허구일 뿐이다. 예를 들어 합리적인 절차를 통해 변경할 수 없는 관습법이 존재하는 경우, 이를 회피하기 위해 사용되는 전략이다. 또는 현재 효력을 갖고 있는 법률이 신성하고 신적인 연원을 갖는다고 여겨져서 법률을 노골적으로 우회하기 어려운 경우나 어떤 이유에서 입법기관이 법률을 제정 또는 개정하는 활동을 하기 어려운 경우에 사용되는 전략이기도 하다.

## 41. 이른바 기술적 흠결

본래적 의미의 흠결과는 별개로 기술적 흠결technische Lücke이라는 개념을 구별해서 사용하는 경우도 있다. 즉 진정한 의미의 흠결을 실증주의의 관점에서 부정하는 사람조차도 기술적 의미의 흠결은 가능하다고 여기고, 이를 해석을 통해 보충하는 것은 허용된다고 보기도 한다. 예컨대 입법자가 규범을 통해 규율했어야 했던 내용을 규율하지 않았을 경우 어떻게든 법률을 적용하는 것이 기술적으로 가능해야 한다면 기술적 흠결이 존재한다는 것이다. 그러나 기술적 의미의 흠결은 본래적 의미의 흠결, 즉 실정법과 법적용자가 희망하는 법 사이의 간극이거나 아니면 법규범의 범위로서의 성격에 기인한 불확정성일 뿐이다. 예컨대 법률이 매매계약의 구속력을 규율하고 있지만, 매매 목적물이 당사자의 고의, 과실이 없이 양도 전에 소멸한 경우 누가 그 위험을 부담하는지를 규율하고 있지 않은 때는 전자의 의미의 흠결이 존재한다. 그렇지만 이 경우에도 입법자가 위험부담에 대해 아무 것도 규정하지 않은 것이 아니라, 매도인이 물품을 공급할 의무 또는 대체급부를 해야 할 의무로부터 면제되도록 규정하지 않았을 따름이다. 따라서 이 경우 흠결이 존재한다고 주장하는 사람의 입장에서는 매도인의 면책규정을 바람직하다고 여길 것이다. 하지만 법률을 적용할 때 이러한 희망사항을 함께 고려해야 할 필요는 없다. 법률은 물품을 공급해야 할 매도인의 의무와 관련해서 예외를 인정하고 있지 않기 때문에, 매도인이 그러한 위험을 부담해야 한다고 규정하고 있을 뿐이다. 다른 예를 들어보자. 즉 법률이 선거를 통해 어떤 기관이 설립되어야 한다고 규정하고 있긴 하지만, 선거절차에 대해서는 규율하고 있지 않은 경우를 생각해보자. 이는 모든 형태의 선거(비례대표 또는 다수결, 공개투표 또는 비밀투표)가 법률에 부합한다는 뜻이다. 따라서 선거를 관리할 권한을 가진 기관은 재량에 따라 선거절차를 규정하면 된다. 선거절차의 규율이 하위 규범에 위임되어 있는 셈이다. 또 다른 예를 들어보자. 어떤 법률이 한 위원회가 활동을 개시하기 위해서는 위원회의 의장이 회의를 소집해야 한다고 규정하고 있긴 하지만, 의장이 없는 경우에 위원회를 어떻게 소집해야 하는지에 관해서는 아무런 규정을 두고 있지 않다고 하자. 이 법률규범으로부터 의장이 존재하지 않는 경우에는 어떠한 형태로든 회의를 소집하면 법률에 부합한다는 의미를 이끌어내지 않고, 이 경우에도 회의는 의장에 의해 소집되어야 한다는 의미를 이끌어낸다면, 이 위원회는 결코 합법적인 방식으로 기능할 수 없게 된다. 하지만 이 경우에도 '흠결'은 존재하지 않는다. 왜냐하면 법률은 설령 의장이 없을지라도 위원회가 의장에 의해 소집되도록 규정하고 있기 때문이다. 따라서 의장이 없는 경우에 대한 규정이 없다면, 여하한 형태의 회의 소집이든 모두 합법적이다. 물론 이 법률은 난센스를 규정하고 있다. 그러나 법률도 인간의 작품인 이상 그와 같은 경우를 배제할 수 없다. 다시 말해 규범이 무의미한 내용을 포함할 수도 있다. 그렇게 되면 해석을 통해 이 규범으로부터 의미를 도출하는 것이 불가능하다. 처음부터 규범에 포함되어 있지 않은 내용을 해석을 통해 끌어낼 수는 없는 노릇이기 때문이다.

## 42. 입법자의 흠결이론

이와 같이 법률의 흠결이란 이론적으로 존재할 수 없음에도 불구하고 입법자가 ― 잘못된 이론에 의해 인도되어 ― '흠결'의 존재를 전제할 수도 있다. 다만 이러한 '흠결'은 입법자 스스로 흠결이라고 여기는 것과는 다른 것이다. 입법자는 오스트리아 민법 제6조나 스위스 민법 제1조와 같이 법률로부터 어떠한 결정도 도출할 수 없을 경우를 대비해서 일정한 규정을 마련할 수 있다. 이 경우처럼 법률 스스로 '흠결'이 있는 경우에는 법관으로 하여금 마치 입법자인 것처럼 결정을 내리도록 규정한다면, 이는 법관에게 권한을 부여한 것이 된다. 즉 법률을 적용할 수 없다고 여기는 경우 법관 자신의 재량에 따라 결정을 내리도록 권한을 부여한 것이다. 좋은 입법자는 상황에 따라 필요한 법률 수정을 포기할 수는 없다. 왜냐하면 자신이 예견하지 못하거나 예견할 수 없는 사실을 미리부터 감안해야 하기 때문이다. 일반적 규범은 어쩔 수 없이 평균적인 사례에 초점을 맞추지 않을 수 없다. 바로 그 때문에 입법자는 자기 대신에 법적용자가 등장해야 할 경우를 자세히 서술할 수 없다. 만일 그렇게 할 수만 있다면 법적용자로 하여금 입법자를 대신하게 할 이유가 없을 것이다. 따라서 입법자로서는 결정을 법적용자에게 위임함으로써 법적용자가 입법자의 의도와는 다르게 법률을 적용할 위험을 감수해야 한다. 이로 인해 법원과 행정기관이 적용하도록 입법자가 공포한 일반적 규범을 이행하는 과정이 합법성을 가져야 한다는 원칙 및 이 일반적 규범의 효력 자체가 부정당할 위험과 법생성의 중점이 일반적 입법자로부터 개별적 법적용자로 옮겨 갈 위험이 당연히 발생한다. 이러한 위험을 최대한 억제하기 위해 법률을 배제할 권한을 부여할 때도 법적용자가 자신에게 실제로 이양되어 있는 엄청난 권한을 의식하지 못하도록 표현에 신중을 기하게 된다. 즉 법적용자는 오로지 법률 자체가 적용가능성을 포함하고 있지 않아서 법률을 적용할 수 없는 사례에만 국한해서 법률을 적용하지 않아도 좋다는 식으로 생각하게 만들어야 한다. 법적용자는 자신이 입법자로 기능할 때만 자유로울 뿐이며, 그가 어떠한 경우에 입법자를 대신할 수 있는지에 대해서는 자유롭지 않다고 생각하도록 해야 한다. 그러나 실제로는 후자의 측면과 관련해서도 법적용자가 자유를 갖고 있음에도 불구하고, 이를 은폐하기 위해 흠결이라는 허구를 동원하는 것이다. 그리고 의식적이든 무의식적이든 '흠결'이라는 잘못된 표현은 법적용자가 그에게 부여된 자유, 즉 법률을 구체적 사례에 적용하지 않을 자유를 극히 예외적인 경우에만 행사하도록 만드는 작용을 한다. 왜냐하면 법률과 법적용자 자신의 법의식 사이에 현저한 간극이 있을 때만, 다시 말해 입법자 스스로 규율하려고 하지 않았고, 따라서 법률이 규율하지 못했던 사례가 존재할 때만(즉 법적용의 논리적 전제 자체가 존재하지 않는 경우에만) 진정으로 '흠결'이 존재한다고 생각하기 때문이다. 오로지 이 경우에만 일반으로부터 특수를 추론한다는, 모든 법적용 행위의 논리적 추론 과정에서 대전제가 결여되어 있다고 한다. 이렇게 볼 때, 이른바 '법률의 흠결'은 전형적인 이데올로기적 표현이다. 왜냐하면 법적용자의 재량에 따른 판단에 비추어 법률의 적용이 법정책적으로 합목적성이 없다고 여겨지는 경우일 뿐인데도 '흠결'이라는 표현을 동원해서 마치 법률의 적용이 법논리적으로 불가능한 것처럼 설명하기 때문이다.

# VII
# 법생성 방법

Die Methoden der Rechtserzeugung

# VII

# 법생성 방법

## 43. 법형식과 국가형식

법의 단계구조에 관한 이론은 법을 동적 측면에서, 즉 지속적으로 스스로를 혁신하는 자기생성 과정의 측면에서 포착한다. 따라서 이 이론은 생성의 측면을 고려하지 않은 채 단지 생성된 질서, 이 질서의 효력과 효력범위 등만을 파악하려고 노력하는 정태적statistisch 법이론과는 구별되는 동태적dynamisch 법이론이다. 법의 동태적 성격과 관련된 문제들의 중심에 해당하는 물음은 다양한 법생성 방법 또는 법의 형식들에 대한 물음이다. 법규범이 인간들로 하여금 특정한 방식으로 행동할 의무를 부과하는 것(이에 반대되는 행동에 대해서는 강제행위, 즉 불법 결과를 연결시킴으로써)을 법규범의 기능으로 인식하게 되면, 법규범의 생성에 대해 판단할 수 있는 결정적인 관점이 드러난다. 즉 법규범을 통해 의무를 부담하게 되는 인간인 규범복종자가 자신에게 의무를 부과하는 이 규범의 생성에 참여하는지 여부에 따라, 다시 말해 의무가 규범복종자의 의지와 함께 또는 의지와는 관계없이(경우에 따라서는 심지어 의지에 반해서) 부과되는지에 따라 법규범의 생성을 다르게 판단할 수 있다. 이는 통상 자율과 타율의 대립으로 지칭되고, 원칙적으로 국가법의 영역에서 법이론이 흔히 사용하는 구별이다. 국가법의 영역에서 이 구별은 민주주의와 권위주의 또는 공화정과 군주정의 구별로 등장하고, 국가형식(국가형태)에 관한 통상의 분류의 기초가 된다. 그러나 흔히 국가형식으로 파악하는 것은 법형식의 특수한 경우일 뿐이다. 다시 말해 법형식, 즉 법질서의 최상위 단계인 헌법의 영역에서 이루어지는 법생성 방법이 국가형식을 분류하는 기준이 된다. 이 점에서 국가형식이라는 개념은 헌법이 규율하고 있는, 일반적 규범의 생성 방법을 지칭한다. 국가형식을 그저 입법(=일반적 법규범의 생성)의 형식으로서의 헌법으로만 이해하고, 이로써 ── 국가형식이라는 개념을 통해 ── 국가를 일반적 법규범의 생성 형식인 헌법과 동일시하게 되면, 이는 법을 일반적 규범들의 체계로 고찰하는 통상적인 법이해 방식을 따르는 것일 뿐이며, 그 때문에 일반적 법규범의 개별화, 즉 추상적 법규범으로부터 구체적 법규범으로의 진행도 법질서의 범위에 속해야 한다는 점을 전혀 고려하지 못하게 된다. 더욱이 국가형식을 헌법과 동일시하는 것은 법이 법률 속에 이미 포함되어 있다는 편견과도 부합한다. 이에 반해 국가형식의 문제를 법생성 방법의 문제로 파악하게 되면, 헌법의 단계, 즉 입법의 단계뿐만 아니라, 법생성의 모든 단계, 특히 행정행위, 판결, 법률행위와 같이 개별적 규범이 정립되는 다양한 사례들에서도 국가형식의 문제가 나타나게 된다.

## 44. 공법과 사법

근대 법학의 체계에서 기초적인 구별에 해당하는 공법과 사법의 구별을 매우 특징적인 예시로 제시할 수 있을 것이다. 잘 알려져 있듯이 오늘날까지도 공법과 사법의 차이를 충분히 만족스러운 정도로 규정하는 이론에 도달하는 데 성공하지 못했다. 가장 일반적으로 확산된 견해에 따르면 공법과 사법의 차이는 법적 관계의 분류에 관한 것이라고 한다. 즉 사법은 법적으로 같은 가치를 갖고, 따라서 같은 등급에 있는 주체들 사이의 관계를 뜻하고, 공법은 상위에 있는 주체와 하위에 있는 주체 사이의 관계, 다시 말해 한쪽이 다른 쪽에 비해 더 많은 가치를 갖는 주체들 사이의 관계를 뜻한다는 것이다. 그리하여 국가와 국민의 관계는 전형적인 공법적 관계에 해당한다. 그리고 사법적 관계를 진정한 의미의 '법적' 관계, 즉 좁은 의미의 법적 관계로 지칭하고, 이와 대비되는 공법적 관계를 '권력'관계 또는 '지배'관계로 지칭한다. 이러한 구별은 사법과 공법의 구별과 마찬가지로 법과 비非법적 또는 반‡법적 권력 사이의 대립, 특히 법과 국가의 대립이라는 의미를 수용하는 경향을 갖고 있다. 하지만 일정한 주체들에게 부여되는 우월한 가치, 즉 다른 주체들보다 더 우월한 지위가 도대체 무엇 때문에 인정되는지를 자세히 살펴보면, 그 이유가 법을 생성하는 사실에 관한 구별에 따른 것일 뿐이라는 점이 드러난다. 그리고 결정적 차이는 국가형식의 분류의 기초가 되는 차이와 같다는 것도 알게 된다. 국가 및 국가기관에 대해서는 국민에 비해 더 높은 가치가 부여되는 이유는 법질서가 국가기관으로서 자격을 갖는 인간들 또는 이 인간들의 지휘 하에 있는 관료기관들에 대해 일방적 의사표시(명령)를 통해 국민들에게 의무를 부과할 가능성을 인정하기 때문이다. 이러한 공법적 관계의 전형적인 예는 수범자들로 하여금 명령에 따라 행동하도록 법적 의무를 부과하는, 행정기관이 정립한 개별적 규범인 행정명령이

다. 이에 반해 법률행위, 특히 계약은 전형적인 사법적 관계에 해당한
다. 계약은 계약을 체결하는 당사자들에게 쌍방적인 행동을 하도록
법적 의무를 부과하는 개별적 규범으로서 계약을 통해 생성된 규범이
다. 계약의 경우 의무를 부담하는 주체들이 의무를 부과하는 규범의
생성에 참여 — 이 점이 계약을 통한 법생성의 본질이다 — 하는 반면,
공법적 행정명령에서는 의무를 부담하게 되는 주체들이 의무를 부과
하는 규범의 생성에 전혀 참여하지 않는다. 다시 말해 행정명령은 권
위주의적 규범생성의 전형적 사례에 해당한다. 이에 반해 사법상의
계약은 명백히 민주주의적인 법생성 방법을 뜻한다. 그렇기 때문에
전통적인 이론이 법률행위의 영역을 사적 자치Privatautonomie의 영역으
로 지칭한 것은 명백히 타당성을 갖는다.

## 45. 공법/사법 이원주의가 갖는 이데올로기적 의미

사법과 공법의 결정적 차이를 두 가지 법생성 방법의 차이로 파악
하고, 국가의 이른바 공법적 행위를 사법적 법률행위와 똑같은 법적
행위로 인식하며, 특히 법을 생성하는 사실을 형성하는 의사표시가
이 두 경우 모두 단지 국가의 의지형성 과정의 지속일 뿐이라는 점, 즉
관료의 명령이든 사적인 법률행위이든 단지 일반적 규범 — 전자의
경우에는 행정법, 후자의 경우에는 민법 — 의 개별화가 이행되는 것
일 뿐이라는 점을 통찰하게 되면, 순수법학이 언제나 법질서 전체에
지향된, 즉 이른바 국가의지에 지향된 보편주의적 관점에서 사적 법
률행위든 관료의 명령이든 모두 국가의 행위, 다시 말해 법질서의 통
일성에 귀속되는 법생성이라는 사실에 해당한다고 파악하는 것은 결

코 역설과 모순으로 여겨지지 않을 것이다. 이로써 순수법학은 전통적 법학이 절대시하는, 사법과 공법의 대립을 상대화하고, 이 대립을 법과 비법, 법과 국가 사이의 차이라는 체계 초월적 대립으로부터 체계 내재적 대립으로 전환한다. 또한 순수법학은 사법과 공법의 대립을 절대화하는 이론에 내재하는 이데올로기를 해체함으로써 진정한 학문으로 입증된다. 다시 말해 공법과 사법의 대립을 권력과 법의 절대적 대립 또는 국가권력과 법의 절대적 대립으로 설명하는 이론은 마치 공법의 영역, 특히 — 정치적으로 중요한 의미가 있는 — 헌법과 행정법의 영역에서는 법원칙이, 흔히 법의 본래적 영역에 해당한다고 말하는 사법의 영역에서와 같은 의미의 효력을 갖지 않거나 최소한 같은 강도로 효력을 갖지 않는 것처럼 생각하게 만든다. 그리하여 공법의 영역에서는 사법의 영역에서와는 달리 엄격한 법이 지배하는 것이 아니라, 공공복리라는 국가이익이 지배하고, 이 국가이익은 어떠한 상황에서도 반드시 실현되어야 한다고 생각한다. 그 때문에 공법 영역에서 일반적 규범과 이행기관 사이의 관계는 사법 영역에서와는 다른 관계라고 한다. 즉 사법 영역에서는 구체적인 사례에 법률을 적용하도록 구속되는 반면, 공법 영역에서는 그저 법률의 범위 내에서 국가목적을 자유롭게 실현하면 되고, 심지어 비상사태와 같은 긴급한 상황에서는 국가가 법률에 반해 긴급권을 행사할 수 있다고 한다. 그러나 이러한 이론을 비판적으로 연구해보면 이 모든 구별방식이 어떠한 실정법적 토대도 갖고 있지 않다는 사실이 밝혀진다. 다시 말해 공법과 사법의 구별을 통해 입법기관, 정부기관 및 행정기관의 활동은 원칙적으로 법원의 활동에 비해 법률에 의해 구속되는 정도가 낮다거나, 이들 기관에게는 실정법적으로 법원에 비해 더 넓은 범위의 자유재량이 인정된다는 내용을 넘어 어떤 다른 주장을 제기하는 것은 전혀 실정법적 근거가 없다. 더욱이 공법과 사법의 본질적 차이를 주장하는 이론은 이 이론이 국가의 생활영역으로서 공'법'의 영역에 대해 주장하는, 법으로부터의 자유를 '법'원칙으로, 즉 공법에 특수한 속성으로 주장함으로써 법과 법으로부터의 자유를 동시에 주장하는 모순에 빠진다. 따라서 공법과 사법의 차이는 기껏해야 기술적 측면에서 서로 다르게 형성되어 있는 법영역이라고 말할 수 있을 뿐, 국가와 법 사이의 절대적이고 본질적 대립이라고 말할 수는 없다. 논리적으로 결코 견지될 수 없는 이러한 이원주의는 이론적 의미가 아니라, 오로지 이데올로기적 의미만을 갖고 있다. 즉 공법과 사법의 이원주의는 정부와 정부에 속하는 행정기관에게 — 마치 사물의 본성으로부터 연역되는 것처럼 주장된 — 자유를 보장하려고 했던 입헌군주주의 독트린을 통해 발전되었다. 물론 이때의 자유는 법으로부터의 자유가 아니라, 국민대표에 의해 또는 국민대표의 참여하에 제정된 일반적 규범인 법률로부터의 자유를 뜻했다. 즉 정부기관과 행정기관에 대한 법률구속은 이 기관이 수행하는 기능의 본질에 모순된다고 설명했을 뿐만 아니라, 설령 그러한 법률구속이 확립되어 있을지라도 경우에 따라서는 이러한 구속을 얼마든지 배제할 수 있다고 설명하기도 했다. 그리고 이와 같은 이론적 경향은 — 정부와 의회의 대립이라는 습관적 사고와 함께 — 입헌군주정뿐만 아니라, 민주공화국에서도 존재한다는 것을 확인할 수 있다.

다른 한편 공법과 사법의 대립을 절대화하게 되면 마치 헌법과 행정법과 같은 공법의 영역은 정치가 지배하는 영역이고, 정치적 지배는 사법의 영역에서는 완전히 배제되는 것 같은 생각을 낳게 된다. 그러나 이미 앞에서 전개한 맥락에서 밝혔듯이, 주관적 법의 영역에서 '정치적인 것'과 '사적인 것' 사이의 대립은 전혀 존재하지 않으며, 사적인 권리 역시 흔히 말하는 정치적 권리이다. 즉 양자 모두 국가의 의지형성(=정치적 지배)에 대한 참여가 보장되어 있다는 점에서 같은 의미의 권리이고, 단지 참여하는 방식이 다르다는 점에서만 구별될 따름이다. 정치적 법영역으로서의 공법과 비정치적 법영역으로서의 사법을 원칙적으로 구별하게 되면, 법률행위로서의 계약을 통해 생성되는 '사적' 법 역시 입법과 행정을 통해 생성되는 공법 못지않게 정치적 지배가 이루어지는 무대라는 통찰을 가로막게 된다. 우리가 사법이라고 부르는 것은—법질서의 한 부분인 사법이 법 전체의 구조에서 차지하는 기능의 관점에서 보면—경제적 생산과 상품의 분배와 관련해서 자본주의적 경제질서에 부합하는 법형식이다. 이는 명백히 정치적 기능, 즉 지배기능에 해당한다. 이에 반해 사회주의 경제질서에서는 다른 법형식이 적합할 것이다. 즉 우리의 사법이 전제하는 자율적이고 민주주의적인 법형식이 아니라, 우리의 행정법에 더 가까운 타율적이고 권위주의적인 법형식이 적합할 것이다. 과연 어느 규율형식이 더 만족스럽고 더 정의로운지에 대해서는 여기에서 논의하지 않겠다. 그와 같은 물음에 대해서는 순수법학이 결정을 내릴 수 없고 또한 결정을 내릴 생각도 없다.

# VIII

## 법과 국가

Recht und Staat

# VIII
## 법과 국가

## 46. 법과 국가에 관한 전통적 이원주의

전통적 법이론이 전제하고 있는 공법과 사법의 대립에는 이미 근대의 법학 및 우리의 일상적인 사회적 사고방식 전체를 지배하고 있는 강력한 이원주의가 너무나도 뚜렷하게 드러나 있다. 그것은 바로 법과 국가의 이원주의이다. 전통적 법이론과 국가이론은 국가를 법과는 전혀 다른 존재로서 법과 대비시키면서도 동시에 국가가 법적 제도라고 주장한다. 이러한 모순을 전통적 이론은 다음과 같은 방식으로 해소한다. 즉 국가를 법의무와 권한의 주체, 즉 인격으로 여기면서 동시에 국가에게 법질서로부터 독립된 존재로서의 지위를 부여한다.

사법이론이 원래 개인의 법인격을 객관적 법, 즉 법질서보다 논리적 및 시간적으로 우선하는 것으로 가정한 것과 마찬가지로 국가법이론은 의지와 행위의 주체로서 등장하는 집단적 통일성으로서의 국가가 법과는 무관하게, 심지어 법에 앞서 존재한다고 가정한다. 하지만 국가는 법, 즉 국가 '자신의' 법인 객관적 법질서를 창설하고, 그 자신이 창설한 법에 스스로 복종함으로써 국가의 역사적 사명을 완수한다고 한다. 다시 말해 국가는 국가 자신이 만든 법을 통해 의무를 부담하고 권한을 부여받게 된다는 것이다. 이렇게 해서 국가는 초법적인 존재, 즉 완벽한 권력을 장악한 일종의 거대한 인격체Makroanthropos 또는 사회적 유기체로서 법의 전제조건이자 동시에 법에 복종한다는 의미에서 법을 전제로 삼고, 법을 통해 의무와 권리를 갖는 법주체가 된다. 이것이 바로 국가의 양면성Zwei-Seiten 또는 국가의 자기구속에 관한 악명 높은 이론이다. 이 이론은 그 자체 모순이라는 지속적인 비난이 쏟아지는데도 모든 반론에 저항하면서 유례를 찾아보기 어려울 정도로 엄청난 지구력을 보여주고 있다.

## 47. 법과 국가 이원주의의 이데올로기적 기능

전통적인 국가이론과 법이론은 이 이론에 노골적으로 표현되어 있는, 국가와 법의 이원주의를 포기할 수 없다. 왜냐하면 이 이원주의는 결코 간과할 수 없을 정도로 매우 특별한 의미를 갖는 이데올로기적 기능을 수행하기 때문이다. 즉 법이 —법을 생성하고 법에 복종하는— 국가를 정당화할 수 있기 위해서는 국가가 법과는 다른 인격으로 사고되어야 한다. 그리고 법이 국가와는 본질적으로 다르고, 국가의 근원적 성격인 권력과는 대립되는 성격을 갖고 있으며, 따라서 법이 어떤 의미에서든 정당하고 정의로운 질서로 전제될 때만, 법은 국가를 정당화할 수 있다. 그렇기 때문에 국가는 폭력이라는 단순한 사실로부터 법치국가로 전환되며, 법치국가는 법을 수립함으로써 정당성을 갖게 된다. 국가에 대한 종교적, 형이상학적 정당화는 힘을 잃었기 때문에 법치국가 이론이 국가를 정당화하는 유일하게 가능한

이론이 되어야 한다. 이와 같은 '이론'은─국가를 법인이라고 주장
한다는 점에서─국가를 법인식, 즉 국가법이론의 대상으로 삼으면
서도 동시에 권력은 법과는 본질적으로 다른 것이라는 이유로 국가를
법학적으로 파악할 수 없다는 점을 너무나도 명백하게 강조한다. 이
는 명백한 모순이다. 그러나 이러한 모순에도 불구하고 이 '이론'은
여전히 생명력을 유지하고 있다. 모든 이데올로기적 이론에는 필연적
으로 모순이 내재하지만, 이러한 모순은 이데올로기적 이론에게는 전
혀 심각한 장애가 되지 않는다. 왜냐하면 이데올로기는 근본적으로
인식의 심화와 확대를 목표로 삼는 것이 아니라, 의지를 규정하는 것
을 목표로 삼기 때문이다. 그렇기 때문에 이데올로기적 이론에게는
국가의 본질을 파악하는 것이 아니라, 국가의 권위를 강화하는 것이
중요할 따름이다.

## 48. 법과 국가의 동일성

### a) 법질서로서의 국가

이데올로기로부터 해방되고, 이에 따라 모든 형이상학과 신비주
의로부터 벗어나 국가를 인식하게 되면, 국가라는 사회적 형상soziales
Geblide을 인간 행동의 질서로 파악하는 것 말고는 국가의 본질을 달리
인식할 길이 없다. 즉 국가를 더 자세히 탐구해보면, 이 사회적 형상이
하나의 사회적 강제질서이고, 이 강제질서는 법질서와 동일한 것이어
야 한다는 사실이 밝혀진다. 왜냐하면 법과 국가의 특징을 규정하는
것은 동일한 강제행위이기 때문이고 또한 하나의 사회공동체가 두 가

지 서로 다른 질서에 의해 구성될 수는 없기 때문이다. 따라서 국가는 하나의 법질서이다. 그러나 모든 법질서가 법질서라는 이유만으로 곧장 국가로 지칭되지는 않는다. 법질서가 이 질서를 형성하는 규범들의 생성과 이행을 위해 분업적으로 기능하는 일정한 기관들을 설립할 때 비로소 국가가 된다. 이 점에서 법질서가 일정한 정도의 중앙집권 상태에 도달했다는 전제하에 국가는 곧 법질서이다.

국가가 성립하기 이전의 원시적 법공동체에서는 일반적 규범의 생성은 관습을 통해, 다시 말해 법공동체를 구성하는 각 개인들의 습관을 통해 이루어졌다. 이에 반해 개별적 규범의 생성과 특히 강제행위를 통한 개별적 규범의 집행을 담당하는, 중앙에 집중된 법원도 처음에는 존재하지 않았다. 그리하여 불법에 해당하는 사실의 확인과 불법 결과의 실현은 이익을 침해당한 사람 본인에게 맡겨졌다(이를 통해 법질서는 개인의 이익을 보호했다). 예컨대 자신의 아버지가 살해당한 아들은 직접 살인자와 그의 가족에 대해 복수Blutrache를 해야 했고, 채권자가 채무를 이행하지 않은 채무자에 대해 채권자 스스로 채무자의 재산을 압류하는 것과 같이 직접 자신의 채권을 실현하는 것이 허용되었다. 이는 원시적 형태의 형벌과 강제집행에 해당한다. 따라서 아버지가 살해당한 아들과 채무를 변제받지 못한 채권자가 스스로 복수와 자력구제를 행했기 때문에, 공동체 구성원이 곧 법질서와 법질서를 통해 구성된 공동체의 기관이었던 셈이다. 이 점에서 이러한 강제행위는ㅡ법질서의 권한 부여에 기초해서ㅡ공동체에 귀속될 수 있고 또한 이러한 강제행위를 통해 불법에 대응하는 것은 공동체 자체였다. 바로 그 때문에 이러한 강제행위는 불법으로 여겨지지 않았다. 상당히 오랜 기간에 걸친 발전과정에서 비로소 사회적 분업 과정의 결과로 중앙기관이 형성되었다. 특히 주목해야 할 점은 아주 먼 과거에는 법원과 집행기관이 곧 입법기관으로 기능했다는 사실이다. 하지만 중앙기관의 형성이 법기술적 관점에서는 엄청난 발전에 해당한다고 할지라도 중앙에 집중되지 않은 법질서와 중앙에 집중된 법질서 사이의 차이, 원시적 법공동체와 국가적 법공동체 사이의 차이는 결코 질적 차이가 아니라, 양적 차이에 불과하다.

국가 법질서 위에 다시 더 높은 법질서가 존재하지 않는 한, 국가 자체가 곧 최상위에 있는 주권적 법질서 또는 법공동체이다. 이는 특히 국가의 강제질서가 자신의 효력을 사실상 특정한 공간과 특정한 대상에 국한시킨다는 점에서 이 법질서의 영토적 및 내용적 효력범위가 제한되고, 법질서가—최소한 내용적으로는—어느 곳에서나 효력을 갖는다고 주장하지 않으며, 따라서 모든 인간관계를 포괄하지는 않는다는 것을 의미한다. 그렇긴 하지만 주권적 법질서는 이 법질서가 자신의 효력을 영토적 및 내용적 측면에서 확장할 수 있는 능력을 그 어떤 상위의 법질서를 통해서도 제한받지 않는다는 것을 의미하기도 한다. 국가 법질서가 갖고 있는 이러한 측면을 권한고권Kompetenzhoheit이라고 지칭한다. 그러나 개별 국가의 법질서를 넘어서는 국제법질서가 부상하는 즉시 국가는 더 이상 주권적인 국가가 아니라, 단지 상대적으로 최상위에 있는 법질서, 즉 국제법의 하위에 있고 국제법이 직접적으로 적용되는 법질서로 파악될 수 있을 뿐이다. 이러한 국가에 대한 자세한 규정은 국가와 국제법질서의 관계를 서술한 이후에 비로소 제시할 수 있다. 아무튼 국제법질서를 통해 구성되는 초국가적 공동체는 국가 이전의 법공동체와 마찬가지로 충분한 정도의 중앙집권화가 이루어지지 않았기 때문에 국가라고 말할 수 없다.

## b) 법적 귀속의 문제로서의 국가

국가가 ― 특정한 성질을 지닌 ― 법질서(다른 종류의 법질서와 질적인 측면이 아니라, 단지 양적인 측면에서만 구별되는 법질서)라는 점은 모든 국가행위가 오로지 법적 행위로서만, 즉 법규범을 생성하거나 이행하는 행위로서만 나타날 수 있다는 사실에서도 드러난다. 따라서 인간의 행위는 이 행위 자체가 법규범을 통해 성격이 규정될 때만 국가행위가 된다. 하나의 동태적 현상으로서의 국가를 형성하는 개개의 국가행위의 관점에서 보면, 국가의 문제는 곧 귀속의 문제이다. 이 귀속의 문제는 왜 특정한 인간 행위 ― 국가의 모든 행위는 일단 인간의 행위이다 ― 가 행위하는 인간 자체가 아니라, 흡사 인간의 뒤에 있는 것처럼 생각되는 주체인 국가에 귀속되는가라는 물음을 통해 제기된다. 이러한 귀속을 위한 유일하게 가능한 기준은 법규범이다. 즉 인간의 행위라는 하나의 사실이 법규범을 통해 특수한 방식으로 규정되기 때문에 그리고 그 한에서만, 이 사실은 이 사실의 성격을 규정하는 규범을 포함하고 있는 법질서의 통일성과 관련을 맺을 수 있다. 국가행위의 주체로서의 국가, 즉 인격으로서의 국가는 바로 이러한 질서의 인격화일 따름이다. 이 질서는 법질서로서 강제질서이며, 그 때문에 국가는 오로지 강제질서로 파악될 수 있을 뿐이다. 인간 행위라는 사실을 국가인격에 귀속시키게 되면, 귀속된 사실은 국가행위가 되며, 이 사실을 정립한 인간은 국가기관으로서의 성질을 갖게 된다. 따라서 국가라는 법인은 다른 법인과 똑같은 성격을 갖는다. 즉 다른 법인과 마찬가지로 국가라는 법인도 법질서의 통일성의 표현이고 귀속지점이다. 그런데도 인식하는 인간의 정신은 직관을 추구하는 나머지 너무나도 쉽게 이러한 귀속지점을 실체화해서 국가를 마치 실재하는 것처럼 여기고, 마치 법질서의 배후에 법질서와는 다른 존재로서의 국가가 있는 것처럼 생각하는 경향이 있다.

## c) 공무담당 기관들의 기구로서의 국가

법질서가 중앙에 집중된 권력이 전혀 없는 원시적 단계를 극복하는 즉시, 다시 말해 법규범의 생성과 이행, 특히 강제행위의 이행을 위해 분업적으로 기능하는 기관이 형성되는 즉시 국가구성원들 — 이들이 규범복종자들이다 — 가운데 일부 개인들의 집단이 특수한 성질을 갖는 기관으로 부상하게 된다. 이러한 중앙 집중 — 물론 중앙 집중은 결코 완벽한 것일 수 없다. 왜냐하면 법생성과 법이행에 관련된 어떤 기능들은 여전히 중앙에 집중되지 않은 채로 남기 때문이다 — 의 본질은 분업을 통해 활동하는 기관의 기능이 원칙적으로 법의무로 규정된다는 점이다. 다시 말해 각 기관의 기능은 특수한 불법 결과인 징계조치를 통해 제재의 대상이 된다. 또한 기관의 기능이 점차 직업적이 되어 일정한 보수를 받게 된다는 것 역시 기능적 중앙 집중의 본질에 속한다. 이렇게 해서 분업적으로 기능하는 국가기관은 — 중앙에 집중된 법적 기능의 담당자로서 — 국가공무원이 된다. 국가공무원은 법을 통해 특정한 방식의 성질을 갖게 되는 기관이다. 자연경제에서 화폐경제로의 전환과 결부되는 이러한 발전은 국고國庫, 즉 중앙권력의 재산의 형성을 전제한다. 국고의 설치와 사용 및 국고의 증감은 법을 통해 일정한 방식으로 규율되고, 국가에 속하는 재산으로 공무원인 국가기관에 대해 보수를 지급하며 국가기관의 활동에 소요되는 비용을 충당한다. 특히 이미 예전부터 직접적인 국가행정, 즉 국가목적의 직접적 추구로 지칭되는 활동도 공무기관을 통해 대표되는 국가에 의해 수행된다. 학교를 설립하고 철도를 운영하는 것은 사인이 아니라, 국가라고 보는 이유는 이러한 기능을 수행하는 인간들이 갖고 있는 특수한 성질 때문이다. 법원국가에서 행정국가로의 발전은 공무를 담당하는 국가기관을 통해 형성된 기구와 밀접한 관련이 있다. 하지만 행정국가 역시 강제질서라는 점을 간과해서는 안 된다. 행정국가는 사회적으로 바람직하다고 여기는 상태를 직접적으로 정립함으로써 공무를 담당하는 기관이 직접 국가목적을 수행하는 국가이다. 따라서 공무담당 기관의 활동은 규범을 생성하고 이행하는 데 국한되지 않는다. 다시 말해 — 공무원이 아닌 — 국민에게 사회적으로 바람직한 행동을 하도록 의무를 부과하고, 만일 이와 반대되는 행동을 할 때는 국민에 대해 강제행위로 반응하는 규범의 생산과 이행에 국한되지 않는다. 그렇긴 하지만 직접적인 국가행정도 법적으로 볼 때는 국민의 사회적으로 바람직한 행동과 똑같은 방식으로 처리된다. 즉 직접적 국가행정은 공무를 담당하는 국가기관의 의무로 규정된다. 따라서 법질서는 해당하는 국가기관 이외의 다른 국가기관에게 만일 해당 국가기관이 의무에 반해 행동할 때는 이에 대해 강제행위를 통해 반응하도록 지시하게 된다. 이 점에서 강제기구로서의 국가는 행정기구로서의 국가를 포괄하는 더 넓은 개념이다.

분업적으로 기능하는 체계의 형성과 함께 좁은 의미의 국가기관 개념, 즉 법적으로 특수한 성질을 갖고 공무를 담당하는 기관이라는 의미의 국가기관 개념은 사인으로서의 국민이라는 개념에 대립하게 된다. 일반적인 언어사용은 국가기관이라는 명칭을 공무담당 기관에 국한시킨다. 그 때문에 공무원이 아닌 국민으로서 법률행위를 통해 법질서로부터 법률행위를 할 권한을 위임받아 법적으로 구속력 있는 규범을 생성한 자를 '국가기관'이라고 부르지는 않는다. 즉 이 국민의 기능이 법을 생성한다는 점에서 법규명령을 공포하는 행정공무원의 기능과 전혀 다르지 않음에도 법률행위를 한 국민을 국가기관이라고 부르지는 않는다. 하지만 언어사용은 결코 일관성을 갖고 있지 않다. 예를 들어 국회의원을 선출한 사인은 이들이 공무원이라는 특수한 성질을 갖고 있지 않음에도 불구하고 선출된 의원과 이 의원들로 구성된 의회와 마찬가지로 '국가기관'으로 간주된다. 그 이유는 분명히 선거를 한 사인이 법적 기능을 수행하기 때문이다. 이 경우에는 좁은 의미의 기관이 아니라, 법적 기능의 수행이라는 더 단순하고 더 넓은 의미의 기관 개념이 관철되고 있는 셈이다.

공무원의 기능을 수행하는 자라는 좁은 의미의 기관개념에 상응해서 특수한 의미의 더 좁은 국가개념은 국가를 공무담당 기관의 총체로 파악한다. 이는 매우 자주 사용되는 국가개념인데, 이러한 국가개념은 국가가 모든 국민을 포괄하는 넓은 의미의 국가 내에 더 좁고 더 확고한 조직을 형성한다는 소박하고 순진한 생각에서도 표현된다. 그러나 엄밀한 구조분석의 관점에서 보면 인격화를 거치기 때문에 직관에는 부합할지 몰라도, 바로 그 때문에 정확하지 않게 이해되는 국가기관 개념 —즉 기관 인격이라는 개념— 은 기관의 기능이라는 개념으로 대체되어야 한다. 기관의 기능을 수행하는 인간, 즉 이른바 기관담당자—이는 국가기관의 개념을 인격화한 결과이다—가 갖고 있는 특수한 성질은 단지 기관의 기능이라는 사실을 형성하는 여러 가지 요소들 가운데 하나일 뿐이다. 이에 반해 국가기관을 국가기능으로 대체하면, 공무를 담당하는 국가기관의 총체, 즉 공무원기구를 뜻하는 국가는 법을 통해 매우 명확하게 규정된 기능들의 체계로 나타난다. 다시 말해 법질서에 의해 일정한 방식을 거쳐 국가공무원으로서 자격을 갖춘 개인들이 수행해야 하는 기능들의 체계로 나타난다. 하지만 이러한 기능에는 입법기관과 같이 공무원이 아닌 기관에 의해 수행되는 다른 기능도 추가된다. 이런 의미의 국가는 법적으로 일정한 방식으로 규정되는 사실들의 총체이며, 따라서 궁극적으로는 이 사실들의 성질을 규정하고 있는 법규범들의 체계이다. 그렇기 때문에 여기서 말하는 국가란 전체 국가 법질서들 가운데 많든 적든 자의적으로 일부를 추출해낸 결과로서의 부분 법질서이다.

## d) 법이론으로서의 국가이론

국가가 하나의 법질서라는 인식은 전통적으로 일반국가학의 관점에서 서술되는 문제들이 법질서의 효력과 생성이라는 법이론적 문제로 밝혀진다는 점에서도 확인된다. 흔히 국가의 '요소'라고 부르는 것, 즉 국가권력, 영토 그리고 국민은 국가질서 자체의 효력 및 이 질서의 공간적 및 인적 효력범위를 뜻할 따름이다. 국가질서를 형성하는 규범들의 공간적 효력범위에 대한 물음 가운데 특수한 경우에 해당하는 물음은 국가의 영토를 분할함으로 인해 등장하는 법적 구성체의 본성에 관련된 것이다. 이는 중앙 집중 및 지방분권화에 관련된 문제이다. 다시 말해 행정적 분권화, 자치행정단체, 연방을 구성하는 개별 주, 속령Staatsfragment 등과 특히 모든 형태의 국가결합을 어떠한 관점에서 파악할 수 있을 것인가의 문제이다. 국가의 세 가지 권력 또는 기능에 관한 이론은 법질서의 서로 다른 생성단계를 이론의 대상으로 삼는다. 즉 국가기관은 오로지 법생성과 법이행이라는 사실로서만 이해될 수 있고, 국가형식은 법질서의 생성 방법일 따름이다. 그리고 이 법질서를 '국가의 의지'라는 비유를 통해 표현한다.

### e) 법질서의 실효성으로서의 국가의 권력

법이라는 강제질서를 질서로서의 국가로 인식하고 또한 이 질서의 통일성에 대한 인격화를 인격으로서의 국가로 인식하듯이, 법질서의 실효성을 통해 흔히 '국가의 권력' 또는 '권력'으로서의 국가라고 지칭하는 모든 내용을 완벽하게 포착할 수 있다. 국가의 권력은 바로 동기를 형성하는 힘에서 표출되며, 이 동기형성력은 법적 질서, 즉 국가질서의 규범들을 내용으로 삼는 개인들의 사고로부터 출발한다. 교도소, 요새, 교수대, 총기 등과 같이 통상 국가의 권력을 감지하게 되는 모든 외적 장치들은 그 자체로는 죽어 있는 대상일 뿐이다. 이들이 국가권력의 도구가 되는 것은 오로지 이 도구들이 특정한 질서가 의미하는 대로 인간에 의해 사용되고, 이러한 질서에 대한 사고, 즉 질서에 부합해서 행위해야 한다는 믿음이 이 인간들을 규정할 때만 비로소 가능하다.

이 모든 사정을 인식한다면, 국가와 법의 이원주의는 인식이 인식 자신에 의해 구성된 대상의 통일성을—인격이라는 개념은 그러한 통일성의 표현이다—실체화함으로써 성립하게 되는 불필요한 이중화Verdoppelung 가운데 하나일 뿐이라는 사실이 드러나고, 따라서 이러한 이원주의는 해체되어야 한다. 국가인격과 법질서의 이원주의는 인식론적 관점에서 고찰해보면, 신과 세계의 이원주의라는 똑같은 방식의 모순으로 가득 찬 이원주의와 유사하다. 즉 국가법적-정치적 이데올로기는 모든 본질적 측면에서 이와 일치하는 신학적-종교적 이데올로기의 후예이자 대체물에 불과한 것으로 보인다. 그러나 국가와 법의 동일성을 명확하게 통찰한다면 법, 다시 말해 정의와 결코 동일시할 수 없는 실정법이란 국가와 마찬가지로 강제질서일 뿐이라는 점을 파악하게 된다. 특히 인간과 유사한 형태의 형상에만 집착하는 것이 아니라, 인격화가 드리운 장막을 뚫고 나가 인간들 사이의 실제 관계를 포착하는 인식에게 국가는 강제질서로 모습을 드러낸다. 그렇다면 국가를 법을 통해 정당화하는 것은 그 자체 불가능하다. 이는 법이라는 단어를 한번은 실정법의 의미로 사용하고, 다른 한번은 정의와 같은 정당성의 의미로 사용하지 않는 한, 법을 통해 법을 정당화하는 것이 불가능한 것과 마찬가지이다. 또한 국가를 법치국가로 정당화하려는 시도 역시 아무 쓸모가 없다는 점도 드러난다. 왜냐하면 '법치국가'를 법질서를 '갖고' 있는 국가로 이해하는 한, 모든 국가는 법치국가이어야 하기 때문이다. 법질서를 갖고 있지 않거나 아직 갖고 있지 않은 국가는 없다. 왜냐하면 모든 국가는 법질서이기 때문이다. 그러나 이는 결코 정치적 가치판단이 아니다. 당연히 이러한 법치국가 개념을 매우 특수한 내용을 가진 법질서를 뜻하는 법치국가 개념, 즉 자유권과 같은 일정한 제도, 국가기관의 기능의 합법성에 대한 보장 및 법생성의 민주적 방법을 포함하고 있는 법질서를 뜻하는 법치국가 개념과 혼동해서는 안 된다. 그렇지만 오로지 그와 같은 방식으로 형성된 규범체계만을 '진정한' 법질서로 파악하는 것은 자연법적 편견이다. 논리적으로 일관된 법실증주의의 관점에서 법은 국가와 마찬가지로 인간의 행동에 대한 강제질서로 인식될 뿐이며, 이러한 강제질서의 도덕적 가치나 정의 가치에 대해서는 어떠한 평가도 내리지 않는다. 그리하여 국가는 법학적으로 고찰해 볼 때 법 자체일 따름이고, 그 이상도 그 이하도 아니다. 정신적 내용으로서의 법은 하나의 질서이고, 이 점에서 규범적-법학적 인식의 대상이 되며, 이에 반해 동기를 부여받고 또한 동기를 부여하는 정신적-물리적 행위로서의 법은 권력, 즉 법적 권력이고, 이 점에서는 사회심리학이나 사회학의 대상이 된다.

## f) 정당성 이데올로기의 해체

이와 같이 방법에 대한 비판을 통해 국가/법 이원주의를 해체한다는 것은 동시에 가장 강력한 영향력을 발휘하는 정당성 이데올로기 가운데 하나를 무자비하게 말살하는 것이다. 바로 그 때문에 전통적 법이론과 국가이론은 순수법학이 분명한 근거를 제시하면서 주장하고 있는, 법과 국가의 동일성 테제에 대해 격정적으로 저항한다.

순수법학이 법을 통해 국가를 정당화하는 것을 거부하는 이유는 순수법학이 국가의 정당화 자체가 불가능하다고 여기기 때문이 아니다. 순수법학은 단지 법학이 법을 통한 국가의 정당화 또는 — 같은 의미이지만 — 국가를 통한 법의 정당화를 수행할 능력이 있다는 사실만을 부정할 따름이다. 순수법학은 특히 무엇인가를 정당화하는 것이 법학의 과제가 될 수 있다는 사고 자체를 부정한다. 정당화란 가치평가이고, 가치평가는 — 언제나 주관적 성격을 갖기 때문에 — 윤리학이나 정치학의 문제이지, 객관적 인식의 문제가 아니다. 법학이 정치가 아니라, 학문이고자 한다면, 법학 역시 오로지 객관적 인식에만 기여해야 한다.

# IX
## 국가와 국제법

Staat und Völkerrecht

# IX
# 국가와 국제법

## 49. 국제법의 본질

### a) 국제법의 단계들: 국제법의 근본규범

국제법은 관습을 통해 효력을 갖지만, 원래는 국가들의 행위를 통해 ― 즉 개별 국가의 법질서에 따라 관할권을 갖는 기관의 행위를 통해 ― 국가 상호간의 관계를 규율하기 위해 생성되었던 규범들로 구성된다. 이러한 규범들은 보편적 규범이다. 모든 국가에게 의무를 부과하고 권한을 부여하는 국제법이기 때문이다. 이 규범들 가운데 특히 중요한 의미를 갖는 규범은 흔히 "약속은 지켜야 한다[pacta sunt servanda]"라는 공식으로 표현되는 규범이다. 이 규범은 국제법 공동체의 주체인 국가들에게 그들의 행동, 즉 국가기관과 국민의 행동을 계약(조약)을 통해 규율할 권한을 부여한다. 이 과정은 다음과 같이 진행된다. 즉 두 개 또는 그 이상의 국가들의 관할 기관들이 의사의 합치를 표시함으로써 규범이 생성되고, 이러한 규범을 통해 조약을 체결한 국가들이 의무를 부담하고 권한을 획득하게 된다. 오늘날 효력을 갖고 있는 조약 국제법은 (보편적이 아닌) 특수적 성격만을 갖고 있다. 다시 말해 조약을 통해 효력을 갖게 되는 국제법규범은 모든 국가에게 효력을 갖는 것이 아니라, 두 개의 국가 또는 다수의 국가들로 구성된 집단에게만 효력을 갖는다. 따라서 이 규범들은 단지 부분 공동체만을 구성할 뿐이다. 이와 관련해서는 특수적 조약 국제법과 보편적 관습 국제법은 정합성을 갖도록 조율된 규범집단이 아니라는 점에 주의해야 한다. 관습 국제법에 속하는 규범("약속은 지켜야 한다")이 조약 국제법의 토대를 형성하기 때문에 양자의 관계는 상위단계와 하위단계의 관계이다. 여기에 덧붙여 국제법원과 이와 유사한 국제기관에 의해 생성되는 법규범까지 함께 고려하면 국제법은 삼단계의 구조를 갖고 있다는 것을 알게 된다. 왜냐하면 그와 같이 국제법을 생성하는 기관의 기능 자체는 다시 국제법적 조약, 즉 두 번째 단계의 국제법에 속하는 규범에 근거하기 때문이다. 국제조약을 통해 생성된 국제법인 이 규범은 —상대적으로— 최상위 단계에 해당하는 보편적 관습 국제법의 원칙에 근거하기 때문에, 국가들 상호간의 행동을 통해 구성되는 관습을 법생성적 사실로 확정하는 규범이 존재해야 하고, 이러한 규범이 국제법 및 국제법으로부터 위임을 받은 개별 국가 법질서의 근본규범으로서 효력을 가져야 한다. 보편적 관습 국제법이 개별 국가의 법질서보다 더 나중에 성립했다는 사정이 개별 국가의 법질서가 관습 국제법을 효력근거로 삼는 데 장애요인이 되지는 않는다. 법적 공동체인 가족은 —다수의 가족을 포괄하고, 중앙에 집중된— 국가보다 훨씬 더 오래되었음에도 불구하고 오늘날 가족법질서의 효력근거는 국가 법질서이다. 또한 이미 오래 전부터 있던 개별 국가들이 하나의 연방국가로 결합했다면, 개별 국가의 성립이 훨씬 더 오래되었음에도 불구하고 연방에 속하는 부분국가질서의 효력은 연방국가 헌법에 기초한다. 이 점에서 역사적 관계를 규범논리적 관계와 혼동 해서는 안 된다.

## b) 원시적 법질서로서의 국제법

국제법은 개별 국가의 법과 같은 성격을 갖고 있다. 즉 국제법은 개별 국가의 법과 마찬가지로 강제질서이다. 따라서 국제법명제는 개 별 국가 법질서의 법명제와 똑같이 조건이 되는 (공동체에 해가 되는) 사실을 결과로서의 사실에 연결시킨다. 국제법에 특수한 불법 결과는 회복 강제Repressalie와 전쟁이다. 그러나 국제법은 여전히 원시적 법질 서이다. 국제법은 개별 국가의 법질서들이 이미 오래 전에 거쳤던 발 전의 시작단계에 머물러 있다. 즉 국제법은 아직은 보편적 국제법에 해당하는 영역과 전체 국제법공동체의 영역에서 상당 부분 중앙 집중 이 이루어지지 않은 상태에 있다. 또한 국제법에서는 법규범의 생성 과 이행을 위해 분업적으로 기능하는 기관도 존재하지 않는다. 일반 적 규범의 형성은 관습이나 조약을 통해 이루어지며, 이는 곧 입법기 관을 통해서가 아니라, 법공동체 구성원들 스스로에 의해 일반적 규 범이 형성된다는 뜻이다. 일반적 규범을 구체적 사례에 적용하는 것 역시 마찬가지이다. 즉 불법에 해당하는 사실이 존재하는지 여부 및 이에 대해 다른 국가가 책임이 있는지 여부에 대해서는 자신의 이익 이 침해당했다고 생각하는 국가 스스로 결정을 내려야 한다. 만일 불 법에 대해 책임이 있다고 여겨지는 다른 국가가 불법의 존재를 부인 하면 이 다툼을 법으로 규율된 절차를 통해 결정을 내려야 하는 객관적 기관이 없다. 그 때문에 자신의 권리가 침해되었다고 생각하는 국가 스스로 권리를 침해한 국가에 대항해서 보편적 국제법에 의해 인정되는 강제행위인 회복 강제나 전쟁으로 대응할 권한을 갖는다. 이는 자력구제의 기술이며, 개별 국가의 법질서의 발전도 이러한 기술로부터 시작했다. 이에 따라 국제법에서는 개인책임과 죄책Schuld에 따른 책임원칙이 아니라, 집단책임과 결과책임의 원칙이 지배한다. 즉 불법 결과는 불법에 해당하는 사실을 고의 또는 과실로 야기한 ─ 개별 국가의 기관으로 기능하는 ─ 사람이 아니라, 불법 사실에 참여하지도 않았고 이를 저지할 수도 없었던 다른 사람에 지향된다. 회복 강제와 전쟁은 국가에 귀속되는 행위 또는 부작위를 통해 국제법을 침해했던 국가기관이 아니라, 국민을 구성하는 사람들 또는 군대와 같은 특수한 기관(물론 오늘날의 전쟁기술에 비추어 군대와 국민을 분리할 수 있다는 전제하에)에 직접적인 영향을 미친다.

### c) 국제법을 통한 간접적 의무부과와 간접적 권한부여

국제법은 국가에게 의무를 부과하고 권한을 부여한다. 그렇다고 해서 ─ 흔히 생각하는 것처럼 ─ 개인에게는 의무를 부과하거나 권한을 부여하지 않는다는 뜻이 아니다. 모든 법은 본질적으로 인간의 행동에 대한 규율이기 때문에 법의무든 권한이든 인간의 행동 이외의 다른 것을 내용으로 삼을 수 없다(인간 행동이 아닌 사실들은 오로지 인간 행동과 결합시킬 때만 이러한 내용이 된다). 그리고 인간의 행동은 개인의 행동 이외의 다른 것이 될 수 없다. 따라서 국제법이 국가들에게 의무를 부과하고 권한을 부여한다는 것은 단지 ─ 개별 국가의 법질서에

서처럼 ― 개인에게 직접 의무를 부과하고 권한을 부여하는 것이 아니라, 개별 국가의 법질서('국가'는 법질서를 인격화한 표현일 뿐이다)를 매개로 해서 개인에게 간접적으로 의무를 부과하고 권한을 부여한다는 뜻일 따름이다. 국제법을 통한 국가의 의무와 권한은 개별 국가의 법질서를 통한 법인의 의무와 권한과 동일한 성격을 갖는다. 국가는 법인이고, 국가 자체가 의무와 권한을 갖게 만드는 국제법 규범은 불완전한 규범, 즉 보충을 필요로 하는 규범이다. 국제법 규범은 이 규범이 반드시 내용으로 삼을 수밖에 없는 인간 행동의 내용적 요소만을 규정할 뿐, 인적 요소를 규정하지 않는다. 다시 말해 국제법 규범은 무엇이 행해져야 하고 무엇이 행해져서는 안 되는지를 규정할 뿐, 누가, 즉 어떠한 개인이 규정된 작위 또는 부작위를 정립해야 하는지를 규정하지 않는다. 국제법은 이러한 개인에 대한 규정을 개별 국가의 법질서에 맡기고 있다. 국제법이 "국가에 대해서만 의무를 부과하고 권한을 부여한다"거나 "국가만이 국제법의 주체가 된다"는 국제법 특유의 성격이 갖는 법학적 의미는 개인에 대한 규정을 개별 국가의 법질서에 맡기는 이와 같은 위임Delegation에서 전모가 드러난다. 따라서 국제법이 갖는 특유한 성격을 통해 표현되는 내용은 단지 국제법을 통한 개인의 의무와 권리가 오로지 국가 법질서의 매개를 통해 간접적으로만 성립할 수 있다는 점일 뿐이다.

그렇지만 국제법이 개인의 행동을 단지 간접적으로만 포착할 뿐이라는 것은 원칙일 뿐, 예외도 있다. 즉 보편적 관습 국제법의 영역과 특수적 조약 국제법의 영역 모두에서 국제법이 개인에게 직접 의무를 부과하고 권한을 부여하는 예외적 사례가 상당히 많다. 이 경우 국제법은 무엇을 행해야 하고 무엇을 행하지 말아야 하는지를 직접적으로 규정할 뿐만 아니라, 어떠한 개인이 국제법적으로 명령된 행동 또는 금지된 행동을 정립해야 하는지도 직접적으로 규정한다. 이러한 경우에는 개인이 직접 국제법의 주체로 등장하게 된다. 국제법이 지금까지는 오로지 개별 국가의 법질서를 통해 규범적 규율의 대상으로 삼았던 소재들에 침투하는 정도가 강해질수록 국제법이 개인의 의무와 권한을 직접 규정하는 경향도 강화되어야 한다. 이와 함께 집단책임과 결과책임이 개인책임과 죄책에 따른 책임으로 대체되는 경향 역시 강화되어야 한다. 또한 법규범의 생성과 이행을 위한 중앙기관의 형성 —이는 현재 특수적 국제법공동체 내에서만 관찰되고 있을 뿐이다— 도 함께 진행된다. 이러한 중앙기관의 형성은 —개별 국가 법질서의 발전에서도 그랬듯이— 일단 판결과 관련을 맺고 있다. 즉 일단은 국제재판소의 형성을 목표로 삼고 있다.

## 50. 국제법과 개별 국가법의 통일성

### a) 인식론적 요청으로서의 대상의 통일성

여기서 내가 짧게 지적하고 있는 법기술적 변화는 전체적으로 볼 때, 국제법과 개별 국가 법질서 사이의 경계를 무너뜨리려는 경향을 갖고 있고, 그 때문에 점차 중앙 집중에 지향된 현실의 법발전이 최종 목표로 삼고 있는 것은 하나의 보편적 세계 법공동체의 조직적 통일성, 즉 세계국가의 수립이라고 여겨진다. 그러나 현재의 상황은 그와 같은 세계국가에 대해 말하는 것을 허용하지 않는다. 단지 모든 법의 인식적 통일성만이 존재할 뿐이다. 다시 말해 개별 국가의 법질서를 통일성으로 여기는 데 익숙한 것과 마찬가지로 국제법을 개별 국가의 법질서와 함께 하나의 통일적인 규범체계로 파악할 수는 있다.

물론 국제법과 개별 국가법이 두 가지 서로 다른 근본규범에 근거한다는 이유로 양자를 서로 관계가 없고 각자 고립되어 있는 두 가지 별개의 규범체계로 파악하는 전통적 견해는 국제법과 국가법을 통일적인 규범체계로 파악하는 것을 완강히 거부한다. 그러나 이러한 이원주의적 — 다수의 개별 국가 법질서들이 존재한다는 사정을 감안한다면 '다원주의적'이라는 표현이 더 적절할 것이다 — 구성은 이미 순수한 논리적 측면에서 전혀 설득력이 없다. 왜냐하면 국제법 규범이든 개별 국가 법질서의 규범이든 모두 동시에 효력을 갖고 있는 규범이며, 또한 똑같이 법규범으로 여겨져야 한다. 이원주의 독트린도 동의하는 이 견해는 모든 법이 하나의 체계, 다시 말해 하나의 동일한 관점에서 그 자체 완결된 체계로 고찰되어야 한다는 인식론적 요청의 기초이다. 법학적 인식이 국제법으로서의 성격을 갖는 법과 개별 국가의 법으로 등장하는 소재를 모두 법으로 파악하고, 따라서 양자를 모두 효력을 갖는 법규범이라는 개념범주 하에 포착하고자 한다면, — 자연에 관한 학문과 마찬가지로 — 인식의 대상을 통일성으로 서술해야 한다는 과제가 제기된다. 이러한 통일성의 소극적 기준은 무모순성Widerspruchslosigkeit이다. 이 논리적 원칙은 규범의 영역에서 이루어지는 인식에 대해서도 타당성을 갖는다. 즉 a라는 내용을 가진 규범의 효력과 non-a라는 내용을 가진 규범의 효력을 동시에 주장할 수는 없다. 물론 서로 배타적인 내용을 가진 규범들이 실제로 제정되고, 수범자들이 이 규범들에 대해 일정한 방식으로 생각하고, 규범들을 준수하거나 준수하지 않는다고 주장할 수는 있다(실제로 그와 같은 일이 발생한다면 이러한 사실 자체에 비추어 그렇게 주장해야만 한다). 왜냐하면 ─ 자연적 사실에 관련된 ─ 이 주장 자체는 논리적 모순을 포함하고 있지 않으며, 서로 대립하는 두 가지 힘의 작용에 대한 확인도 포함하고 있지 않기 때문이다. 그러나 논리적으로 서로 배타적인 내용을 가진 두 개의 규범이 동시에 효력을 갖는다고 주장할 수는 없다. 다시 말해 a이면서 동시에 non-a이어야 한다고 주장할 수는 없다. 이는 a와 non-a를 동시에 주장할 수 없는 것과 마찬가지이다. 법학적 인식이 서로 모순되는 내용을 가진 법규범들에 직면할 때는 이러한 모순이 실제로는 그저 외관상의 모순에 불과하다고 해석함으로써 모순을 해소하려고 노력하게 된다. 이러한 노력이 성공하지 않으면 법학적 인식은 해석해야 할 소재를 난센스로 치부하고, 따라서 하나의 의미영역으로서의 법의 영역에 존재하지 않는 것으로 배제하게 된다. 물론 이러한 노력에 대한 설명은 법인식에 사실상 내재하고 있는 단 하나의 경향을 확인하는 것일 뿐이다. 법인식 절차가 어떤 식으로 이루어지는지에 대해서는 해석의 문제를 논의하면서 이미 설명한 바 있다.

## b) 두 가지 규범체계의 상호관계

법률가는 국제법을 개별 국가의 법질서와 마찬가지로 효력을 갖는, 즉 구속력이 있는 규범들의 복합체로 여기지, 단순히 자연적 사실들의 집합으로 여기지는 않기 때문에, 법률가로서는 이러한 규범복합체를 모순이 없는 체계를 통해 파악하지 않을 수 없다. 이는 원칙적으로 두 가지 방식으로 가능하다. 첫째, 국제법과 개별 국가 법질서 가운데 어느 한 질서가 다른 질서의 하위에 놓이고, 따라서 어느 한 질서가 다른 질서의 규범을 효력근거로 삼아서, 이 규범이 한 질서의 생성에 관한 근본적 규정인 — 상대적 — 근본규범이 된다고 봄으로써 두 개의 — 외관상 — 서로 다른 규범복합체가 하나의 통일적 체계를 형성할 수 있다. 둘째, 두 개의 질서가 서로 같은 등급에 속한다고 보고, 따라서 각각의 효력범위가 구별된다고 봄으로써 두 개의 규범복합체가 통일적 체계를 형성할 수도 있다. 하지만 이 경우에는 두 가지 서로 다른 질서의 생성을 규정하고, 두 질서의 효력범위를 명확히 구별하면서 동시에 양자를 조율하는 제3의 상위 질서를 전제해야 한다. 효력범위의 규정은 — 앞에서 설명했듯이 — 상위 규범을 통해 하위 규범의 내용이 되는 요소를 규정하는 것이기 때문이다. 생성절차에 대한 규정은 상위 규범 스스로 하위 규범이 생성되는 절차 자체를 규정하는지 아니면 상위 규범이 단지 특정한 영역과 관련해서 재량을 갖고서 효력을 갖는 규범을 생성할 수 있는 권한을 가진 기관을 설립하는 규정에 국한시키는지에 따라 직접 또는 간접적으로 이루어질 수 있다. 후자의 경우를 위임Delegation이라고 부른다. 이 경우 상위의 질서와 하위의 질서를 결합하는 통일성은 위임의 연관성이라는 성격을 갖는다. 이러한 사정으로부터 이미 상위에 있는 질서와 하위에 있는 다수의 질서들 사이의 관계는 동시에 전체 질서와 이 전체질서에 의해 포괄되는 부분질서들 사이의 관계일 수밖에 없다는 점이 분명하게 드러난다. 왜냐하면 하위 질서의 — 상대적 — 근본규범은 상위 질서의 구성부분이고, 따라서 하위 질서 속에는 상위 질서가 전체질서로서 이미 포함되어 있다고 생각할 수 있기 때문이다. 이러한 상위 질서의 근본규범은 — 전체질서의 최상위 단계로서 — 하위의 질서를 포함한 전체질서의 최상위에 있는 효력근거를 뜻한다.

이와 같이 국제법과 개별 국가법이 하나의 통일적인 체계를 형성한다면 양자의 상호관계는 앞에서 설명한 두 가지 형태 가운데 어느 하나에 따라 형성되어야 한다.

## c) 일원주의적 구성 또는 이원주의적 구성

순수법학에게는 단지 하나의 인식론적 결론일 뿐인 일원주의적 구성에 대해서는 다음과 같은 반론이 제기된다. 즉 국제법과 개별 국가법질서는 두 법질서의 내용 사이에 도저히 극복할 수 없는 모순이 발생할 가능성이 있기 때문에 서로 독립되어 있는 법질서라는 결론이 도출된다고 한다. 그러나 만일 이러한 주장이 옳다면 개별 국가의 법질서와 국제법뿐만 아니라, 두 개의 개별 국가 법질서들마저도 각각 동시에 효력을 갖는 규범체계들이라고 주장할 수 없게 될 것이다. 심지어 도덕과 도덕과는 사실상 전혀 관계가 없는 실정법도 동시에 효력을 갖는다고 볼 수 없게 된다. 이렇게 되면 마치 실정법의 명제들을 효력을 갖는 규범으로 사용하는 법률가는 도덕이 실정법에 모순되는 경우에도 도덕으로부터 벗어나야만 하듯이, 이원주의적 구성도 예컨대 단 하나의 국가 법질서 ― 이 질서의 통일성은 자명한 것으로 전제한다 ―를 유일하게 효력을 갖는 법규범들의 체계로 여기지 않을 수 없다. 이에 반해 다른 개별 국가 법질서들과 특히 국제법 ―더 정확히는 국제법이라고 지칭되는 소재들― 은 효력을 갖는 규범이라는 개념범주에 속하는 것이 아니라, 단지 그것이 갖는 사실성의 측면만을 고찰하게 되고, 그에 따라 규범성을 갖는 법으로 고찰하지 않게 될 것이다. 즉 이원주의적 구성이 고찰하는 개별 국가 법질서만을 법으로 파악하게 된다. 그러나 이와 같은 고찰방식은 자신이 속한 공동체만을 법공동체로 파악하고, 이 공동체를 구성하는 질서만을 법질서로 여기는 것을 너무나도 당연시하던 원시인의 입장이다. 그 때문에 원시인은 자신의 공동체에 속하지 않은 다른 모든 사람들을 무법상태의 '야만인'으로 여겼고, 그들의 삶이 전개되는 질서 — 이를 질서라고 부른다는 전제하에 — 는 진정한 '법'이 아니며, 결코 자신의 법과 같은 종류이거나 같은 가치를 갖는다고 생각하지 않았다. 따라서 이러한 견해에서는 진정한 의미의 국제법이 결코 존재할 수 없다.

이러한 견해는 오늘날에도 완전히 극복되지 않고 있다. 즉 오로지 자신의 국가질서만이 온전하고 본래적 의미의 '법'이라는 생각을 통해 이 견해가 계속 생명을 유지하고 있다. 이러한 생각은 — 대개는 의식하지 못하지만 — 이원주의 이론의 출발점이기도 하다.

### d) 국가 법질서의 우위

국제법뿐만 아니라, 다른 국가 법질서의 규범적 성격을 직접적으로 부정하는 것은 가능하지 않기 때문에 이원주의적 이론구성은 자신의 국가 법질서 바깥에 있는 규범복합체를 정당화하기 위해 의제 Fiktion를 사용하지 않을 수 없게 된다. 즉 자신의 국가에게도 구속력을 갖는 국제법과 자신의 국가에게도 법공동체로 고찰되어야 할 다른 국가들이 자신의 국가에 의해 '승인'되어야 한다는 의제를 사용한다. 이렇게 되면 국제법 및 다른 개별 국가 법질서가 효력을 갖는 근거는 승인을 하는 국가 법질서, 즉 이 국가의 사회적 영역에서 최상위의 법제도인 국가의 '의지'로 옮겨가게 된다. 따라서 어떤 국가가 자신에게 구속력이 있다고 승인할 때만 효력을 갖는 국제법은 초국가적 법이 아니고, 자신의 국가질서와는 무관하고 국가질서와는 별개의 독립된 법질서도 아니며, 단지 ― 그것을 법이라고 지칭한다는 전제하에 ― 자신의 국가 법질서가 자발적으로 수용해서 이 질서의 구성부분이 된 법, 즉 '대외적 국가법'으로 여겨진다. 다시 말해 대외적 국가법이란 다른 국가와의 관계를 규율하고 '승인'을 거쳐 수용한 국가 법질서 규범들의 총체인 것이다. 또한 다른 국가의 존재 자체도 자신의 국가의 승인에 기초하기 때문에 자신의 국가 법질서가 다른 국가 법질서에까지 확장된다고 생각해야 한다. 그 때문에 마치 국제법을 수용한 국가 법질서는 다른 국가에게 그 국가의 영역에서 법을 생성할 권위를 행사하도록 위임한 것처럼 보이게 만든다. 이것이 바로 이원주의적 구성의 법이론적 의미이다. 즉 자신의 국가의 관점에서 다른 국가가 국가로서, 다시 말해 그 국가의 영역에서 구속력을 갖는 법질서로 여겨질 수 있기 위해서는 자신의 국가에 의해 승인을 받아야 한다는 것이다. 따라서 승인이론은 이론구성의 출발점이 되는 국가 법질서와 다른 모든 국가 법질서들 사이에 위임관계를 설정한다. 그러나 그렇게 할지라도 이원주의를 표방하는 학자들의 의지에는 반하지만, 이원주의의 법학적 인식에 내재하고 있는 경향에 힘입어 법적 세계상의 통일성이 다시 수립된다. 물론 이러한 통일성은 국제법질서의 우위에 기초하지는 않지만, 그 대신 개별 국가 법질서의 우위에 기초해서 수립된다.

자신의 국가 법질서뿐만 아니라, 다른 국가 법질서와 특히 국제법까지도 효력을 갖는 법규범으로 파악해야 할 필연성을 통해 이원주의적 구성은 이 구성에 필수불가결한 승인이론을 거치면서 이론구성 자체를 폐기하지 않을 수 없는 상황에 봉착한다. 이 이론구성을 주장하는 학자들 자신은 결코 생각하지 못했던 결론에 비추어 보면 이 견해의 배경을 형성하는 정치적 의도를 명확하게 인식할 수 있다. 그것은 바로 국가의 주권이라는 사고, 즉 국가가 곧 최고의 절대적 법공동체라는 사고를 유지하려는 의도이다. 여기서 주권은 다른 국가 법질서와 국제법을 승인하는 국가, 즉 전체 이론구성의 출발점이 되는 국가의 주권만을 의미한다. 왜냐하면 한 국가의 주권은—이 개념의 본래적 의미에 따라—다른 국가의 주권과 합치할 수 없기 때문이다.

국가주권이라는 도그마 및 이 도그마로부터 도출되는, 자신의 국가 법질서의 우위는 결과적으로는 고립주의로 전락하고 마는 주관주의적 견해, 즉 '나'라는 개인을 세계의 중심으로 보고, 그에 따라 세계를 단지 나의 의지와 나의 사고로만 파악하고자 하는 주관주의적 견해에 부합한다. 이 점에서 이원주의는 극단적인 국가 주관주의이며, 이에 반해 국제법질서의 우위는 객관주의적 세계관과 객관주의적 법이론의 표현으로서 주관주의에 대립한다.

## e) 국제법 부정

세계를 파악하기 위해 나 자신으로부터 출발해서 나를 하나의 우주로 확장함에도 불구하고 '나'라는 주권적 자아를 뛰어넘어 객관적 세계에 도달할 능력이 없는 주관주의는 나와 똑같이 주권을 주장하면서 등장하는 다른 주체, 즉 하나의 '나'이고자 하는 '너'를 나와 동일한 종류의 존재로 파악할 능력이 없다. 그렇기 때문에 주권 도그마를 유지하려는 경향을 갖고 있는 이원주의가 승인이론을 거치면서 일원주적 구성으로 전환될지라도 그러한 능력을 갖지 못한다. 다시 말해 자기 국가의 법질서가 우위에 있다는 생각은 법을 통해 효력범위를 서로 구별하고 있는 다수의 동급의 국가들이라는 생각과는 결코 합치할 수 없다. 그렇기 때문에 개별 국가 법질서의 우위는 궁극적으로 다른 모든 국가들의 주권을 부정하고, 그에 따라 주권 도그마가 의미하는 대로 다른 국가들의 국가로서의 법적 존재를 부정할 뿐만 아니라, 국제법까지도 부정한다.

그 때문에 국제법은 개별 국가로의 수용이라는 생각을 통해 완전히 변질되고 만다. 왜냐하면 개별 국가 법질서라는 장막 안에서 국제법은 모든 국가의 평등한 질서라는 국제법 본연의 기능을 더 이상 수행할 수 없기 때문이다. 자신의 국가의 대외적 행동을 규율하는 규범, 즉 대외적 국가법이 되어버린 국제법은 이를 수용한 국가의 헌법에서 효력근거를 갖게 된다. 따라서 국제법의 효력은 이 국가헌법의 규율에 따르게 되며, 극단적인 경우에는 헌법개정을 통해 폐기될 수도 있다. 대외적 국가법의 규정에 따라 이루어지는, 다른 국가에 대한 승인과 오로지 이 승인에 기초하고 있는, 다른 국가질서의 법적 성격 역시 같은 운명에 처하게 된다. 그렇기 때문에 자신의 국가 법질서의 우위라는 이론의 최종적 결론은 이 이론의 출발점으로 회귀하는 것이다. 즉 법으로 간주할 수 있는 것은 오로지 자신의 국가 법질서뿐이라는 것이 이 이론의 출발점이자 동시에 최종 결론인 셈이다.

법의 이데올로기적 성격을 감안하면 법으로 지칭되는 일정한 사실들이 갖는 의미는 ─ 앞에서 밝힌 바와 같이 ─ 단지 근본규범을 전제할 때만 가능할 수 있는 해석의 결과일 뿐, 결코 필연적인 해석의 결과는 아니다. 그렇기 때문에 오로지 자신의 국가질서와 이 국가질서로부터만 파악할 수 있는 것을 법으로 해석하는 관점도 이론적으로 가능하다는 것을 부정할 수는 없다. 그러나 자신의 국가 법질서의 우위로부터 도출되는 결론을 피해야 한다고 생각한다면, 국제법질서의 우위라는 생각이 반드시 필요하다.

### f) 국제법과 개별 국가법 사이의 '모순'의 해소

이원주의적 구성이 필연적으로 사용하게 되는 의제, 즉 개별국가에 대한 국제법의 효력은 이 개별국가의 승인에 기초한다는 의제에는 이미 국제법과 개별 국가의 법 사이의 관계를 일원주의적으로 구성하는 이론에 대한 결정적인 반론 — 양자 사이에는 결코 해소할 수 없는 모순이 발생할 가능성이 있다는 반론 — 을 폐기하는 측면이 내재해 있다. 즉 국제법을 승인하는 '의지'와 스스로를 개별 국가 법질서로 표현하는 '의지'가 같은 의지라면 도대체 어떻게 그러한 모순이 가능할 수 있는가? 더욱이 이 이른바 국가'의지'는 규범의 당위를 인간에 비유해서 표현한 것일 뿐이라는 사정을 감안한다면 모순이 발생할 여지가 없다. 이밖에도 국제법과 개별 국가법 사이의 모순이라고 지칭되는 사실은 논리적 모순과는 아무런 관계가 없다. 이는 단지 — 앞에서 서술했던 — 상위 규범과 하위 규범 사이의 갈등일 뿐이다. 국제법과 개별 국가법 사이의 모순이라고 주장하는 내용, 예컨대 한 국가의 법률이 이 국가가 다른 국가와 체결한 국제법적 조약에 대립하고, 그런데도 국가법규범 또는 국제법규범의 효력이 계속 유지된다는 사실은 개별 국가의 법질서 내에서 서로 다른 법규범이 충돌할지라도 그로 인해 법질서의 통일성에 전혀 의문이 제기되지 않는다는 사실과

거의 완벽하게 일치한다. 즉 헌법에 위반되는 법률도 효력을 갖는 법률이며, 그로 인해 헌법이 폐기되었다거나 개정되었다고 여길 필요가 없다. 법률에 위반되는 판결도 효력을 갖는 규범이며, 다른 판결에 의해 파기될 때까지 계속 효력을 유지한다. 한 규범의 '규범위반'은 하위 규범과 상위 규범 사이의 논리적 모순이 아니라, 단지 하위 규범의 폐기가능성 또는 책임을 져야 할 기관에 대한 처벌가능성을 의미할 뿐이라는 점은 이미 앞에서 분명하게 밝혔다. 이와 관련해서는 '규범에 반하는' 규범의 정립이 불법에 해당하는 사실일 수 있으며, 법질서는 이 사실에 대해 특수한 강제행위를 불법 결과로 연결시킬 수 있다는 점에 주목해야 한다. 또한 불법에 해당하는 사실 역시 그 자체 이를 규정하고 있는 규범에 대한 논리적 모순이 아니라는 점 역시 앞에서 밝힌 내용이다. 그러므로 위법성으로 규정된 행위를 통해서도 효력을 갖는 법규범이 생성될 수 있다고 보는 데는 아무런 논리적 어려움도 따르지 않는다. 규범의 정립이 불법 결과와 결합될 수 있지만, 정립된 규범 자체는 효력을 가질 수 있다. 이때 '효력'은 이 규범이 법적 행위를 통해 파기될 때까지는 효력을 갖는다는 의미일 뿐만 아니라, 이 규범이 내용적인 하자를 갖고 있다는 이유로 폐기될 수는 없다는 의미이기도 하다.

국제법과 개별 국가법 사이의 관계 역시 마찬가지이다. 국제법이 국가로 하여금 특정한 행위, 특히 특정한 내용의 규범을 정립하도록 의무를 부과하는 것의 의미는 단지 이 의무에 반하는 행위 또는 특정한 내용에 반대되는 국가규범의 정립은 국제법이 이 법에 특수한 제재인 회복 강제 또는 전쟁이라는 불법 결과를 연결시키는 조건이 된다는 의미일 뿐이다. 따라서 국제법을 '침해'하는 가운데 생성된, 개별 국가 법질서의 규범은 계속 효력을 유지한다. 더욱이 국제법의 관점에서도 그러한 규범의 효력은 유지된다. 왜냐하면 국제법은 '국제법에 반하는', 개별 국가 법질서의 규범을 폐기하는 절차는 마련하고 있지 않기 때문이다. 그와 같은 가능성은 오로지 특수적 국제법의 영역에서만 주어져 있다. 따라서 국제법과 국제법에 반하는, 개별 국가 법질서의 규범 사이의 관계는 — 예컨대 기본권 목록을 통해 — 장래에 제정될 법률의 내용을 규정하고 있는 개별국가의 헌법과 기본권을 침해하고, 따라서 헌법에 반하는 법률 사이의 관계와 같다. 물론 이 경우에는 헌법이 — 대부분의 헌법이 그렇듯이 — 위헌을 이유로 법률이 폐기될 수 있는 절차를 규정하지 않고, 단지 위헌법률의 성립에 대해 일정한 기관으로 하여금 개인적 책임을 부담하도록 만드는 가능성에만 국한되어 있다고 전제한다. 이 점에서 개별 국가 법질서의 내용을 국제법을 통해 규정하는 것은 헌법재판제도를 규정하지 않고 있는 헌법을 통해 장래에 제정될 법률의 내용을 규정하는 것과 똑같은 방식으로 이루어진다. 즉 법률이 규정된 내용과는 다른 내용을 포함할 가능성을 배제할 수 없으며, 바로 이러한 가능성을 통해 — 비록 이차적일 뿐이긴 하지만 — 헌법재판제도에 권한을 위임하는 것이다. 이러한 법률의 자격을 박탈하는 것은 단지 그러한 규범이 효력을 갖고 있음에도 불구하고 규범을 불법에 해당하는 사실로 규정함으로써 이루어진다. 이와 마찬가지로 국제법이 지시한 것과는 다른 내용이 됐든 이 내용을 통해 생성된, '국제법 위반'으로 지칭되는 규범이 됐든 모두 국제법에 논리적으로 모순되지는 않는다. 그러므로 국제법과 개별 국가법의 통일성이라는 전제는 이러한 측면으로부터 어떠한 방해도 받지 않는다.

## g) 국제법질서의 우위

이러한 통일성은 두 규범복합체들 사이에 논리적 모순이 없다는 소극적 의미에서뿐만 아니라, 적극적 의미에서도 입증된다. 즉 일반적으로도 그렇고 특히 이원주의적 이론구성을 주창하는 학자들도 그렇듯이 국가들 또는 — 인격화를 하지 않고 표현한다면 — 개별 국가의 법질서들은 서로 조율되고 각각의 효력범위, 특히 장소적 효력범위 (영토)와 관련해서 법적으로 명확한 경계가 설정되어 있다고 생각한다. 왜냐하면 개별 국가 법질서들에 관해 이들을 조율하고, 각각의 효력범위의 경계를 설정해서 명확히 구별해주는 법질서를 전제할 때만 그와 같은 생각이 가능하기 때문이다. 오로지 국제법질서만이 그와 같은 법질서가 될 수 있으며, 실제로도 국제법질서는 그와 같은 법질서이다. 그러한 기능을 수행하는 것이 실정 국제법이기 때문이다.

이미 앞에서 언급했던, 이론과 실무에서 똑같이 인정되는 보편적 국제법의 법명제는 (통상적인 문구로 표현하자면) 혁명 또는 쿠데타를 통해 권력을 장악한 정부도 이 정부가 공포한 규범들이 지속적으로 복종을 야기할 수 있다면 국제법적 의미의 정당성을 갖는다고 규정하고 있다. 이는 곧 국제법적으로 볼 때 직접적인 의미를 갖는 강제질서는 정당한 질서라는 것, 즉 구속력을 갖는 법질서라는 것을 의미한다. 달리 표현하자면, 그러한 질서를 통해 구성되는 공동체는 이 질서에 대체적으로 합치되는 영역에서 국제법적 의미의 국가로 간주되어야 한다는 의미이다. 실정 국제법의 법원칙인 이 효율성 원칙을 개별 국가 법질서에 적용하게 되면 이 원칙은 국제법을 통해 개별 국가 법질서에게 권한을 위임한다는 것을 의미한다. 특정한 영역에서 지속적으로 실효성을 갖고 있는 규범정립 권력의 확립이 곧 실정법적으로 법 정립 권위의 성립을 뜻하는 이유는 이 권위에 대해 국제법이 그와 같은 질서로서의 성질을 부여하기 때문이거나 — 같은 의미이지만 — 국제법이 그러한 권위에게 법을 정립할 권한을 부여했기 때문이다. 이로써 국제법은 법을 정립할 권위를 통해 형성된 개별 국가 법질서의 공간적 및 시간적 효력범위도 함께 규정하게 된다. 개별 국가의 영토 — 이는 개별 국가 법질서의 효력공간이다 — 는 국제법에 따라 이 질서가 실효성을 갖고 있는 공간적 범위이다. 국제법은 국제법이 보호하는 영역에 대한 침해에 특수한 불법 결과를 연결시킴으로써 이러한 영토적 효력범위를 보장한다. 개별 국가 법질서들 사이의 경계설정은 — 몇몇 예외를 제외한다면 — 기본적으로 각 국가가 원칙적으로 국제법을 통해 각 국가에게 보장되는 고유한 영토 내에서만 강제기구로서의 속성을 드러낼 수 있다는 사실을 통해 이루어진다. 또는 비유적으로 말하자면, 개별 국가 법질서는 국제법적으로 인정되는 효력공간에 대해서만 특수한 강제행위를 규정할 수 있으며, 이러한 강제행위는 국제법을 침해하지 않으면서 오로지 이 공간 내에서만 정립될 수 있을 뿐이다. 이렇게 해서 다수의 국가들의 공간적 병존, 즉 다수의 강제질서들의 공간적 병존이 법적으로 가능하게 된다. 하지만이 공간적 병존뿐만 아니라, 시간적 병존, 즉 개별 국가 법질서의 시간적 효력범위도 국제법에 의해 규정된다. 즉 국가질서의 법효력의 시작과 끝은 효율성이라는 법원칙에 따른다. 이러한 관점에서 보면 국가의 성립과 몰락은 국내법의 범위 내에서 이루어지는, 법인의 설립과 해산과 같은 법적 현상이다. 개별 국가 법질서의 내용적 효력범위와 관련해서도 국제법은 중요한 의미가 있다. 특히 국제법적 조약을 통해 생성되고, 지금까지 개별 국가 법질서를 통해 규율되던 대상까지 포함해서 있을 수 있는 모든 대상을 포괄할 수 있는 국제법규범은 개별 국가 법질서들의 내용적 효력범위를 제한한다. 물론 개별국가들은 국제법의 지배하에서도 원칙적으로 무엇이든 규범화할 수 있는 관할권을 갖고 있지만, 국제법이 자신의 규율대상으로 삼지 않았고 또한 개별 국가 법질서의 자유로운 규율 대상에서 배제하지 않은 한에서만 이러한 관할권을 보유할 뿐이다. 따라서 국제법을 초국가적 법질서로 전제한다면 개별 국가 법질서는 더 이상 권한고권(주권)을 갖지 않는다. 하지만 개별 국가 법질서는 오로지 국제법을 통해서만 제한을 받는 전면적 권한Totalitätsanspruch은 갖고 있다. 다시 말해 개별 국가 법질서는 국제법을 통해 처음부터 특정한 대상을 규율하도록 제한받지 않는다. 이 점에서 개별 국가 법질서는 국제법적 조약에 의해 성립된 ― 따라서 직접적으로 국제법에 해당하는 ― 법질서 또는 법공동체와는 다르다.

## h) 국제법공동체의 기관으로서의 국가

따라서 이제 국가 개념을 국제법질서의 관점에서 규정할 수 있다. 이러한 국가는 국제법의 지배하에 있고, 비교적 중앙에 집중된 부분질서로서 국제법적으로 제한된 공간적 및 시간적 효력범위와 내용적 효력범위를 갖고 있으며 오로지 국제법의 유보에 의해서만 제한을 받는 전면적 권한을 갖고 있다.

통상의 인격화된 설명방식을 따르면 부분질서, 즉 개별 국가는 국제법공동체의 기관으로 지칭될 수 있다. 개별 국가는 오로지 이러한 기관으로서만 국제법의 생성에 참여한다. 이러한 통찰은 조약을 통한 국제법의 생성에서 특별한 의미를 갖는다. 다수의 학자들에 따르면 이 조약을 통한 국제법의 생성은 현재 효력을 갖고 있는 국제법을 개정하고 더욱 발전시킬 수 있는 유일한 방법이라고 한다. 그 때문에 이들 학자는 특히 보편적 국제법이 성립하는 통로인 관습을 통한 법생성을 묵시적인 조약으로 의제한다. 이는 오로지 주권 도그마를 유지하기 위한 것일 뿐이며, 국제법의 효력을 개별 국가의 자유의지에 소급시킬 수 있도록 하기 위한 것일 뿐이다. 하지만 이러한 이론구성은 자기기만에 기초하고 있다. 조약을 법을 생성하는 사실로 여기고, 조약을 통해 생성된 규범이 조약체결에 참여하고 조약을 통해 상호적으로 조율하는 두 국가들 가운데 어느 한 국가만이 아니라, 두 국가 모두에게 의무를 부과하고 권한을 부여하며, 그에 따라―단지 간접적이긴 하지만―두 국가의 기관과 국민들에게도 의무를 부과하고 권한을 부여하는 것이어야 한다면, 국가조약을 법생성적 사실로 규정하는 규범이 전제되어야 한다. 이러한 규범이 개별 국가의 법질서일 수는 없으며, 단지 개별 국가의 법질서보다 더 상위에 있고, 이 법질서들을 조율하는 법질서의 구성부분일 수 있을 따름이다. 개별 국가 법질서의 규범―비유적으로 표현하자면, 개별 국가의 의지―을 통해서는 다른 국가 및 다른 국가의 기관과 국민들에게 의무를 부과하거나 권한을 부여할 수 없다. 국가들이 서로 평등하다면 국가는 오로지 자기 자신의 국민에 대해서만 의무를 부과하고 권한을 부여할 수 있다. 한 국가의 관할권은 개별 국가 법질서의 효력범위를 넘어설 수 없다. 또한 두 국가의 관할권을 수학적 대상처럼 합산할 수는 없기 때문에 두 개별 국가가 함께―상위의 질서로부터 위임을 받지 않은 채―국가

조약을 통해 생성된 규범과 같이 두 국가의 영역에서 효력을 갖는 규범들을 생성할 수는 없다. 오로지 보편적 국제법의 관점에서만 국제법적 규범의 생성을 이론적으로 파악할 수 있다. 왜냐하면 이러한 법생성을 규율하는 것이 바로 보편적 국제법이기 때문이다. 보편적 국제법은 특히 국가조약을 법생성의 방법으로 규정한다. 다시 말해 국가에 대해 조약에 합치해서 행동하라는 의무를 부과한다. 이러한 관점에서 보면 국가조약의 체결을 위해 활동하는, 양 조약당사국의 대표자들은 하나의 결합된 기관이긴 하지만, 그럼에도 통일적인 기관이다. 즉 이들 대표자는 보편적 국제법을 통해 구성된 국가들의 공동체에 속하는 기관이지, 두 국가의 공동기관이 아니다. 개별 국가 법질서에게 국가의 조약체결 의사를 국가의 이름으로 표시해야 할 개인을 규정하도록 위임하는 것은 곧 국제법이기 때문에, 조약을 체결할 때 활동하는 조약체결국의 대표자들은 조약규범을 생성하는 전체기관의 부분기관으로서 일차적으로 국제법공동체의 기관이다. 이 부분기관은 단지 이차적으로만 각 국가의 기관이 될 뿐이다. 그러므로 주권 도그마의 영향을 받아 통상 강조하는 것처럼 국제법적 조약을 통해 성립하는 법을 생성하는 것은 개별 국가들이 아니라, 국가들의 공동체, 더 정확하게는 국제법공동체이다. 이는 국가기관을 통해 국가의 법을 생성하는 것은 곧 국가라는 점과 조금도 다를 바가 없다.

국제법의 기관으로서의 국가는 단지 개별 국가 법질서를 비유적으로 표현한 것일 뿐이다. 개별 국가 법질서는 국제법질서와 함께 그리고 이 질서의 매개를 거쳐 다른 모든 개별 국가 법질서들과 위임관계에 놓여 있다. 이 위임관계의 구조에 대해서는 앞에서 자세히 서술했다.

국가는 매우 긍정적 의미에서 보편적 법체계의 통일성을 수립한다. 이는—오해를 피하기 위해 이 점을 명백히 강조해야 한다—단지 인식적 통일성일 뿐, 결코 조직과 관련된 통일성이 아니다. 이 통일성 구조 속에서 법제도로서의 개별 국가는 절대성으로부터 벗어나게 된다. 주권 도그마는 국가를 그러한 절대성 속에서 경직되게 만들었다. 이 점에서 순수법학은 국가를 상대화한다. 순수법학은 국가를 법적 중간 단계로 인식하고, 이를 통해 다음과 같은 통찰을 획득한다. 즉 점차 서로 겹치게 되는 법적 형상들의 지속적인 연쇄는 모든 국가를 포괄하는 보편적 국제법공동체로부터 하나의 국가에 편입된 다수의 법공동체들이 존재하는 상태로 향하도록 만든다는 통찰이다.

## i) 순수법학과 세계법의 발전

국제법에 대항하는 제국주의적 이데올로기의 핵심도구인 주권 도그마를 이론적으로 해체하는 것은 순수법학의 본질적인 결론들 가운데 하나이다. 물론 이 결론이 정치적 의도에서 획득된 것은 아니지만, 그럼에도 정치적 영향을 미칠 수는 있다. 왜냐하면 이 결론은 국제법의 모든 기술적 발전과 국제적 법질서를 더욱더 중앙 집중적으로 만들려는 노력을 가로막는, 극복하기 어렵게 보이던 장애물들을 제거하기 때문이다. 순수법학은 그와 같은 발전이 국제법의 본성이나 국가의 본질, 즉 주권개념이 표현해야 할 모든 내용들과 결코 합치하지 않는다고 선언하는 여하한 형태의 주장도 거부한다. 순수법학은 궁극적으로 주권개념의 도움을 받아 단순한 정치적 논거—정치적 논거에 대해서는 언제나 다시 다른 정치적 논거를 반대논거로 삼아 반박할 수 있을 뿐이다―에 불과한 것을 마치 본질적으로 반박이 불가능한 것처럼 논리적 논거라는 외관으로 포장하려는 시도의 실체를 폭로한다. 바로 이를 통해 순수법학은 잘못된 생각으로 말미암아 장애에 부딪힌 법정책적 발전을 용이하게 만든다. 물론 그러한 법정책적 발전을 정당화하거나 이를 요청하지는 않는다. 왜냐하면 순수법학은 이론이기에 정치적 발전에 대해서는 무관심하기 때문이다.

이와 같은 정치적 작용을 확인한다고 해서 순수법학의 순수성이 파괴되지는 않는다. 순수한 인식만을 목표로 삼는 엄밀한 자연과학도, 아니 그와 같은 엄밀한 자연과학만이 기술의 발전을 가능하게 만든다. 물론 그러한 과학이 기술진보를 의도하지는 않는다. 이런 의미에서 순수법학은 국가개념을 상대화해서 모든 법의 인식적 통일성을 확보함으로써 중앙에 집중된 세계법질서의 조직적 통일성을 위한 중요한 전제조건을 마련한다고 말해도 좋을 것 같다.

# 옮긴이 후기

켈젠Hans Kelsen(1881~1973)이라는 이름 또는 '순수법학Reine Rechtslehre', '근본규범Grundnorm', '법질서의 단계구조Stufenbau der Rechtsordnung'와 같은 용어를 접해보지 않고 법과대학을 졸업한 사람은 없을 것이다. 실제로 새로운 세기를 목전에 둔 1999년에 미국 주간지 Time은 각 분야에서 20세기를 대표하는 인물을 선정하면서 'Jurist of the Century'로 켈젠을 지명할 정도로 켈젠의 법이론은 법학에서 확고한 지위를 차지하고 있다. 그러나 우리가 학습한 켈젠 및 켈젠의 순수법학은 대부분 비판과 비난의 맥락을 벗어나지 않는다. 여기에는 분명한 역사적 이유가 있다. 프라하에서 태어난 유대인 켈젠은 어린 시절 오스트리아 빈으로 이주했고, 빈은 그의 학문적 성장의 중심지가 되었다. 세계 최초의 헌법재판소를 창설하는 데 결정적인 역할을 했던 켈젠은 빈 대학 교수와 헌법재판소 재판관으로 활동했지만, 정치적 보수주의 복고에 견디지 못하고 1930년에 독일의 쾰른 대학으로 자리를 옮긴다. 하지만 불과 몇 년 만에 나치가 집권하면서 교수직을 상실하고 복잡한 과정을 거쳐 미국으로 망명하게 된다. 2차 세계대전 이후에도 켈젠은 오스트리아나 독일로 귀환하지 않았고, 그가 오랜 기간 정치학 교수로 재직했던 Berkeley에서 생을 마감한다. 문제는 2차 세계대전 이후 독일 법학은 켈젠이 1911년에 발간한 교수자격논문「국가법이론의 주요문제Hauptprobleme der Staatsrechtslehre, entwickelt aus der Lehre vom Rechtssatze」를 기점으로 집요하게 추구했던 법실증주의와 탈정치적이고 이데올로기비판적 국가법이론과는 정반대의 방향으로 전개되었다는 사실이다. 즉 전후 독일 법철학은 이른바 '자연법 르네상스'를 거치면서 켈젠이 1차 세계대전 직후에 비판하던 '자연법의 회귀'를 반복했고, 헌법이론은 바이마르 공화국 공간에서 켈젠의 이론적 적대자였던 루돌프 스멘트Rudolf Smend 학파와 카알 슈미트Carl Schmitt 학파가 장악하게 되었다. 이러한 상황에서 켈젠의 순수법학은 실증주의와 형식주의라는 오명을 온전히 뒤집어 쓴 채, 오로지 부정적 맥락에서만 인용될 뿐이었다. 단지 이론적 고향인 오스트리아에서만 켈젠의 법학이 학문적 논의의 대상이었을 뿐이다. 주로 독일의 법철학과 헌법학을 수용한 우리 법학이 켈젠에 대해 갖고 있는 반감 또는 무관심은 이와 같은 역사적 배경을 감안하면 어느 정도 이해할 수 있을 것이다.

하지만 독일식 학문을 배경으로 성장한 켈젠의 법학이 그 땅에서 겪었던 운명을 독일 법학을 수용한 다른 나라에서까지 똑같이 반복하지는 않은 것 같다. 동아시아권으로 시야를 좁혀 보면, 일단 일본은 근대화를 지향하면서 '원조'의 정치적, 이데올로기적 배경들을 탈색한 채 서구의 학문을 적극적으로 수용했다. 예를 들어 우리에게는 불구대천의 원수로 각인되어 있는 조선통감 이토 히로부미伊藤博文는 19세기 후반 오스트리아 빈에 가서 그 당시로서는 드문 사회주의적 경향의 법학자였던 로렌츠 폰 슈타인Lorenz von Stein에게서 수학을 했다. 일관된 민주주의자이자 정치적 자유주의자였던 켈젠의 저작 역시 1920년대 초반부터 일본의 학자들에 의해 활발하게 수입되었고, 이 책『순

수법학』제1판의 원본이 출간된 바로 다음 해인 1935년에 일본어판
이 첫 번째 외국어 번역판으로 출간될 정도였다. 그 때문에 이미 일제
치하의 우리 법학은 켈젠의 순수법학을 분명히 인지하고 있었다. 특
히 경성제대 법학부 교수였고 켈젠에게 직접 수학했던 토무 오다카尾
高朝雄로부터 법철학을 배운 황산덕黃山德 교수에 의해 『순수법학』제1
판이 1949년에 한국어로 번역되어 출간된 사실은 한편으로는 놀라운
일이지만, 다른 한편으로는 충분히 납득할 수 있다. 황산덕 교수는 한
스 벨첼Hans Welzel의 '목적적 행위론'을 수용한 형법학자로 알려져 있
지만, 그 이전에는 켈젠에 대한 관심이 높았던 것으로 보인다. 물론 켈
젠과 벨첼의 학문적 지향 사이에는 하나의 세계가 자리하고 있다고
말할 수 있을 정도로 커다란 차이가 있지만, 우리 법철학의 맹아기에
는 그와 같은 문제를 의식할 수는 없었을 것이다. 어쨌든 해방 직후의
물질적, 정신적 혼란기에 '순수'를 기치로 내건 독일의 법서가 우리말
로 번역되어 나왔다는 것은 의외의 일이다. 상당수 대학 도서관이 이
미 '희귀본'으로 지정해서 대출불가 상태로 만든 이 번역본은 그 당시
의 관례에 따라 토씨 이외에는 모두 한자로 쓰여 있고 또한 종서縱書,
즉 위에서 아래로 읽어야 한다. 내가 이 책을 새로 번역한 이유가 한자
와 종서 때문이라고 말하는 것은 억지이겠지만, 아무튼 언젠가는 황
산덕 교수의 첫 번역과 나의 번역을 꼼꼼히 대조해 볼 계획을 갖고 있
다. 그 자체로 역사적 가치가 있기 때문이다.

　우리나라 법학과 켈젠의 연결가능성에서 더욱 중요한 역할을 한 것
은 얼마 전 작고하신 심헌섭沈憲燮 교수의 연구이다. 심헌섭 교수는 일
본이라는 매개를 거치지 않고 1960년대 후반부터 법실증주의 계열의
이론을 소개해 왔고, 특히 켈젠의 저작과 켈젠에 관련된 외국문헌을

한국어로 번역해서 출간했다. 적어도 켈젠과 우리 법학의 연결가능성이 존재한다면 이는 거의 대부분 심헌섭 교수와 그의 지도를 받은 제자들의 학문적 기여에 힘입은 것이다. 내가 이 책의 후기를 쓰면서 저자 켈젠의 생애에 대해서는 특별히 언급하지 않고 심헌섭 교수가 번역한 『켈젠의 자기증언(2009)』을 지적하는 것만으로 충분하다고 여기는 것도 이러한 맥락에 속한다.

이러한 '과거'가 아니라 '현재'에 대해 조금은 언급이 필요하다. 앞에서 말한 켈젠 순수법학의 수난기는 독일에서는 이제 다시 과거가되었다. 1980년대 후반 호르스트 드라이어Horst Dreier의 박사학위 논문「Rechtslehre, Staatssoziologie und Demokratietheorie bei Hans Kelsen」의 출간을 기점으로 켈젠에 대한 법철학적, 법이론적, 헌법적 논의는 꾸준히 증가하기 시작했고, 2004년 여름 프랑크푸르트에서는 2차 세계대전 이후 독일에서 처음으로 켈젠을 집중적으로 조명하는 학회가 열렸다. 이 학회에 참석했던 나는 오늘날 국제적으로 가장 유명한 켈젠 전문가로 알려져 있는 미국의 스탠리 폴슨Stanley Paulson을 비롯하여 다수의 켈젠 연구자들을 만날 수 있었는데, 이미 그 당시에도 켈젠은 더 이상 '오스트리아 국내용'이라는 상표에 머물지 않는다는 사실을 확인할 수 있었다. 특히 마티아스 예슈테트Matthias Jestaedt의 주도로 2007년부터 『켈젠 전집Kelsens Werke』이 출간되기 시작하면서 켈젠 연구는 본격적인 궤도에 오르게 되었다. 전 30권으로 계획하고 있는 전집은 이제 5권이 출간된 상태이지만, 독일어권 법학자 가운데 최초로 전집이 출간된 구스타프 라드브루흐Gustav Radbruch의 예에서 볼 수 있듯이 전집출간을 계기로 활발한 학문적 논의의 대상이될 것이다. 켈젠의 '현재성'을 보여주는 또 하나의 증거로, 2018년 9

월에 프라이부르크에서 '시험대에 오른 순수법학Die Reine Rechtslehre auf dem Prüfstand'이라는 제목으로 열리는 독일 법철학회는 32명의 발표자 모두가 켈젠의 순수법학을 주제로 다루게 된다. 여러 개의 주제를 다루거나 하나의 주제를 다양한 이론적 시각에서 접근하는 통상의 학회와는 사뭇 다른 이례적인 사건이 아닐 수 없다.

물론 이러한 타국 또는 '원조'에서 진행되는 학문적 경향을 의식해서 이 책을 번역한 것은 아니다. 개인적으로는 독일에서 박사학위 논문을 쓰면서 그때까지 별로 주목받지 못했던, 비얼링Ernst Rudolf Bierling과 켈젠의 논쟁을 다루었기 때문에 내게 켈젠은 상당히 익숙한 학자가 되었다. 그 와중에 나의 의식 속에도 켈젠에 대한 선입견 또는 거부감이 자리 잡고 있었음을 깨닫게 되었다. 그 때문에 켈젠을 읽는 일을 주저했고, 그나마 학위논문이라는 제도적 압박 덕분에 비로소 본격적으로 켈젠의 저작들을 접하게 되었다. 최근 이 책을 편집해서 학생용 교재로 출간한 예슈테트의 말처럼 켈젠을 둘러싼 '전설'의 장막들을 거두고 곧장 책을 읽기 시작했어야 했다는 후회는 나중의 일이었다. 그렇다고 내가 켈젠 추종자Kelsenianer가 된 것은 아니지만, 무엇보다 한 가지 화두를 집요하게 물고 늘어지면서 끝없이 자신의 이론을 성찰하고, 자신을 비판하거나 자신과는 다른 전제에서 출발하는 학자들과 진지하고 성실하게 논쟁하는 태도를 일관되게 유지한 켈젠의 학자로서의 태도에 상당히 매료된 것만은 분명하다. 이러한 개인적 사정과는 별개로 이 책이 갖는 의미는 어쩌면 부제「법학의 문제점에 대한 서론Einleitung in die rechtswissenschaftliche Problematik」에서 더 분명하게 드러나 있다는 생각이 든다. 법을 학문적으로 접근하는 사람들에게는 — 로스쿨의 도입과 함께 이런 식의 접근을 시도할 사람의 수는 턱없이 줄

어들긴 했지만 — 도대체 '법'이라는 대상영역이 어떠한 형태를 취하고 있고, 대상영역과 이를 인식하려는 학문적 접근방법 사이에는 어떠한 관계가 있으며, 법과 법 이외의 다른 사회적 요소들 사이의 관계설정을 어떻게 해야 하는지는 궁극적인 문제이자 동시에 출발점에 해당하는 문제이다. 이 문제를 다루는 방식 자체도 다양하긴 하지만, 내가 아는 범위 내에서는 이 책 『순수법학』 제1판은 이와 관련된 가장 모범적인 형태에 해당한다. 이 책이 라틴아메리카에서는 우리나라의 '법학입문'의 역할을 수행한다는 것은 이러한 사정을 반영한다. 즉 우리가 보통 순수법학이라고 말할 때는 대부분 1960년의 제2판을 염두에 두지만, 1934년의 제1판은 나중의 제2판에 비해 훨씬 더 '순수한' 형태로 켈젠 자신의 학문적 지향점을 집약적으로 표현하고 있기 때문에, 법을 인식하기 위한 걸음을 내딛는 단계에서는 훨씬 더 쉬운 길잡이가 될 것이다(쉽게 읽힌다는 말이 아니다!). 『순수법학』 제1판과 제2판 사이의 관계는 독자적인 연구가 필요할 정도로 상당히 복잡한 문제에 해당하고, 외관상으로만 보면 연속성보다는 불연속성이라고 말해야 할 정도로 별개의 연구대상으로 여겨진다. 여기서 이 문제에 대해 자세히 논의할 수는 없지만, 제1판이 1911년부터 시작된 순수법학의 여정의 중간 결산물이라면, 제2판은 다시 제1판 이후 25년 동안 이루어진 추가 연구의 결정판이라는 사실만은 틀림없다. 이 점에서 이 책 제1판은 제2판을 읽기 위한 필수적 준비단계에 해당한다고 말할 수 있다. 제2판은 1999년에 나의 벗들인 변종필과 최희수의 번역으로 출간되었지만, 그 사이 절판되고 출판사도 없어져버렸다. 가까운 장래에 종필, 희수와 함께 새로 가다듬어 제2판의 한국어판을 재출간할 예정이라는 점을 밝혀둔다.

앞에서 말한 '전설이 아니라 읽기!'를 기치로 삼아 책의 내용에 대한 '해제'는 과감히 생략한다. 다만 번역용어와 관련해서 세 가지 점은 꼭 지적해둘 필요가 있다. 첫째, subjektives Recht/objektives Recht는 일반적으로 '주관적 권리/객관적 법'으로 번역하지만, 이 책에서는 주관적 법/객관적 법으로 번역했다. 이는 'Recht'라는 독일어 단어가 갖고 있는 중의성 때문에 번역용어의 선택에 어려움을 겪은 탓이 아니다. 오히려 근대 법학의 의미론의 형성과정과 관련된 매우 중요한 지점에 맞닿아 있고, 법질서의 본질을 어떻게 이해하는가에 따라 세계관을 달리할 정도로 현격한 차이를 확인할 수 있는 계기가 되기 때문이다. 간단히 말하자면, 근대 자연법론은 법질서 이전에 각 주체가 권리를 갖고 있고, 이러한 권리에 기초해서 객관적인 법이 형성되고 동시에 객관적인 법은 주관적 권리를 보장하는 질서라는 전제에서 출발했다. 이러한 자유주의적 이데올로기가 법학의 독자성과 중립성에 반한다고 보는 켈젠은 법 이전에 권리가 있다는 사고를 거부하고, 권리는 단지 법이 보장하는 하나의 형식이라고 생각할 뿐이다. 그 때문에 주관적 권리/객관적 법의 이분법 자체를 부정한다. 단지 법을 어떠한 측면에서 포착하는가에 따라 주관적/객관적의 구별이 있을 뿐, 이 구별 자체가 근원적이고 본질적인 의미를 갖지 않는다. 공법/사법의 구별을 부정하는 켈젠의 입장 역시 동일한 맥락에 속한다. 그렇지만 권리/법 이분법에 익숙한 독자들을 위해 혼동의 우려가 크다고 생각하는 부분에서는 주관적 법에 덧붙여 '권리'를 괄호에 넣어 표시해두었다. 둘째, 'Tatbestand'는 '구성요건' 또는 '요건사실'이라는 용어로 너무나도 익숙한 단어이지만 이 책에서는 일관되게 '사실'로 번역했다. 구성요건/요건사실이 일본 학자들에 의해 이루어진 걸

출한 의역이긴 하지만, 단어 자체의 원래 의미는 사실에 훨씬 더 가깝다. 물론 법조문의 앞부분과 뒷부분을 구성요건/법률효과로 분리하면 이 번역용어는 충분한 설득력을 갖고 있다. 하지만 법률효과에 해당하는 내용(예컨대 형벌이나 손해배상)도 그 자체로 하나의 사실이다. 즉 범죄라는 '사실'과 형벌이라는 '사실'을 결합시키는 것은 법의 영역에서 핵심적인 역할을 하고, 이러한 결합 또는 연결을 켈젠은 '귀속 Zurechnung'이라고 표현한다. 그 때문에 한국어 '사실'에 해당하는 독일어 'Tatsache', 'Faktum' 등은 일관되게 사실이라는 단어를 피하면서 맥락에 맞게 다른 용어로 번역했다. 끝으로 'Rechtssatz'라는 단어는 '법규' 또는 '법원칙'으로 번역되는 것이 일반적이지만, 켈젠에게 이 용어는 당위의 의미를 갖는 법에 대한 법학의 서술을 의미하기 때문에 '법명제'라는 직역에 가까운 용어를 선택했다. 즉 법명제는 그 자체가 규범이 아니라, 규범에 대한 서술일 뿐이다. 현대의 분석철학적 구별에 따르면, 법명제는 규범표현적normexpressiv이 아니라, 규범서술적normdeskriptiv이다. 따라서 법규나 법원칙에 포함된 당위의 의미를 배제하기 위해 법명제로 번역했다.

번역의 토대가 된 판본은 1994년에 출간된 영인본 제2판이고, 가끔 등장하는 오탈자의 진위 여부를 확인하기 위해 예슈테트가 편집한 학습판(2008)을 참고했다. 스탠리 폴슨이 부인과 함께 번역한 영어판(1992)은 ― 독일어 원본의 영역본이 대부분 그렇듯이 ― 원문으로부터 거리를 두는 정도가 심한 편이어서 적어도 나에게는 큰 도움이 되지 못했다. 하지만 영어에 익숙한 독자라면 폴슨의 번역과 특히 책 앞에 있는 긴 Introduction을 참고해도 좋을 것 같다.

2016년 1학기와 2학기에 고려대학교 대학원 법학과의 법철학 세미나에서 이 책을 강독 교재로 삼았다. 매주 꼬박꼬박 강의를 해도 한 학기에 50여 페이지 남짓 진도가 나갔을 뿐이다. 2017년 1학기 연구학기를 맞았기 때문에 결국 학생들과 이 책을 끝까지 함께 읽지 못한 상태에서 책 전체를 번역하게 되었다. 세미나에서 무한한 인내심을 보여준 학생들 그리고 '다음 학기'가 없다는 편안한 마음으로 번역에 집중할 수 있도록 배려해준 학교 측에 감사의 인사를 전한다. 무엇보다 켈젠으로 학문적 여정을 시작한 김다희 씨는 초고를 꼼꼼하게 읽고 가독성을 높일 수 있도록 여러모로 조언을 해주었다. 켈젠에 대해 약간은 거리를 두고 있는 나와는 달리 켈젠 전문가가 되어 내게 가르침을 주는 날이 오기를 기대해본다. 이제는 내 이름을 달고 나오는 모든 책의 '검열관'의 지위에 오른 박석훈 변호사의 교정도 번역의 완성도를 한 단계 더 올려주었다. 두 제자에게 고마움을 전하며, 그들의 학문적 여정은 나의 그것과는 달리 험난하지 않기를 바란다. 짧은 시간 내에 「박영사」에서 두 번째 책을 내게 되었다. 두 권 모두 '법철학'이라는 희귀학문에 속하는 책이라 걱정이 앞선다. 학문체계와 경제체계 사이의 경계와 차이를 의식하면 더욱더 그렇다. 그 때문에 의례적인 수준을 훨씬 뛰어넘어 「박영사」에 감사의 뜻을 밝히고 싶다.

2018년 여름

윤 재 왕

지은이

한스 켈젠(Hans Kelsen)

한스 켈젠(Hans Kelsen)은 1881년 체코 프라하에서 태어나 1973년 오린다(캘리포
니아)에서 사망했다. 1901년부터 빈 대학에서 법학을 공부했고, 1906년에 박사학위
를, 1911년에 국가법과 법철학 교수자격을 취득했다. 1918년부터 1930년까지 빈 대
학 법과대학의 국가법, 행정법 및 법철학 담당교수, 1930년부터 1933년까지 독일 쾰
른 대학 법과대학의 국제법 담당교수를 역임했다. 나치에 의해 강제 해직당한 이후
1933년부터 1940년까지 스위스 제네바와 프라하 대학에서 국제법을 가르쳤으며,
1940년에 미국으로 이주하여 1942년까지 하버드 로스쿨 교수, 1942년부터 1952년
까지 버클리 대학교 정치학과 교수를 지냈다.

옮긴이

윤재왕

고려대학교 법과대학 법학과, 문과대학 철학과, 대학원 법학과를 졸업했으며 독일 프
랑크푸르트 대학교 법과대학에서 법학박사 학위를 받았다. 현재 고려대학교 법학전문
대학원 교수(법철학, 법사회학, 법사상사 담당)로 재직 중이다.